Tagebuch von

..................................................
..................................................
..................................................
..................................................

Nach dem Spiel ist
vor dem Spiel.

Sepp Herberger

ISBN: 978-3-947738-99-1

© 2021 Kampenwand Verlag
Raiffeisenstr. 4 · D-83377 Vachendorf
www.kampenwand-verlag.de

Versand und Vertrieb durch
Nova MD GmbH
Raiffeisenstraße 4
83377 Vachendorf

Manuel Andrack

Printed in Czech Republic
FINIDR, s.r.o.
Lípová 1965
737 01 Český Těšín

Icons
Miceking / shutterstock
UMBE / shutterstock
Aleksandr Sulga / shutterstock
Great_Kit / shutterstock

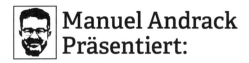 **Manuel Andrack Präsentiert:**

Wäre, wäre, Fahrradkette.

Lothar Matthäus

# Dein Fußball-Fan-Tagebuch
## Vorwort

Manuel Andrack

Jeder Fußball-Fan kennt unvergessliche Spiele. Vielleicht bist du Fan von Blau-Weiß Büßleben und dein Verein hat in einem umkämpften Spiel der Landesklasse Thüringen gegen die SV Germania Wüstheuterode den Aufstieg geschafft. Oder du jubelst vor dem Fernseher, weil Bayern München die Champions-League gewonnen hat. Oder du freust dich über den Viertelfinaleinzug der Deutschen Nationalmannschaft bei einem großen Turnier.

Dein Herz ist voll überschäumender Freude – und dann kannst du das Spiel, dass dir so viel Freude gemacht hat, in deinem Fußball-Fan-Tagebuch verewigen. Dieses Tagebuch ist für alle 11-jährigen Mädchen, die vor dem Fernseher Borussia Dortmund die Daumen drücken. Und für alle Mecker-Opas, die sich an die unvergesslichen Spiele von Wattenscheid 09 erinnern. Dieses Tagebuch ist für alle Fans von Nationalmannschaften, egal ob Deutschland, Kroatien oder Brasilien. Egal, ob ihr Fans von Schalke oder Dortmund seid, egal ob ihr das Spiel im Stadion oder daheim vor dem Fernseher gesehen habt – das Fußball-Fan-Tagebuch ist immer dabei und ihr könnt die besten Spiele und schönsten Fußball-Erlebnisse dokumentieren.

Euch stehen in dem Tagebuch viele Rubriken zur Verfügung, die klar machen, warum ein Spiel so besonders schön für euch war. Jeder Fan kennt zum Beispiel das sogenannte magische Denken, etwas mit dem Ausgang eines Spieles zu tun zu haben. Vor dem Spiel das Trikot nicht gewaschen und auf links angezogen. Nach dem Führungstor eine Limonade getrunken. Mit dem Partner vor dem Fernseher Händchen gehalten. Was habt ihr zu den erinnerungswürdigen Spielen beigetragen?

Auch ein wichtiger Aspekt: Wer darf nicht mehr mitgucken. Wenn dein bester Freund ständig sagt: Die Frisur des Torhüters ist aber wirklich sehr schnuckelig. Dann musst du dir nicht unbedingt einen neuen besten Freund suchen, aber du solltest es dir sehr sehr gut überlegen, ob du ihn wirklich noch einmal zum Fußballschauen einlädst.

Euer Manuel Andrack

# MANUEL ANDRACK

2. Mai 2005 – Montagabend
Datum

### SPIEL

Erzgebirge Aue : 1. FC Köln

### SPIELERGEBNIS

1 : 2

### WO HAST DU DAS SPIEL GESEHEN

o TV   ☒ Stadion   o Kneipe   o Spiel in Aue, sehr lustig

### SPIELWETTER

o Sonne   o Regen   o Schneeschauer   ☒ kann mich nicht erinnern, ich war zu aufgeregt

### MAN OF THE MATCH

Christian Springer hat mit seinem 1:1 für die "Wende" gesorgt!
Das war für mich der Man of the Match / Spieler des Spiels

### WIE WAR DER SCHIRI?

o geht so   ☒ Schieber   ☒ Vollpfosten   ☒ Das 1:0 war kein Tor!!! Wie in Wembley

### BESONDERHEITEN DES SPIELS

o rote Karte   o gehaltener Elfer   o Hattrick   o ☒ Spiel gedreht   o hoch gewonnen

☒ Nach dem Sieg war der Aufstieg klar

### DEIN FAN-GESANG / DER FAN-SPRUCH DES TAGES

Der Gesang der Aue Fans "Sou - Sou - Souverän" + "Wir kommen aus der Tiefe, wir kommen aus dem Schacht, Wismut Aue, die Fußball-Macht!

## DEIN FAN-GETRÄNK DES TAGES

Ein oder zwei Wernesgrüner im Stadion

## WAS HAST DU ZUM SPIEL BEIGETRAGEN

- ○ Trikot getragen
- ○ vor dem Spiel eine Bockwurst gegessen
- ✗ Schiedsrichter beleidigt
- ✗ mitgesungen
- ✗ etwas ganz anderes  Das legendäre Aufstiegs-Trikot

## DEINE JUBEL-INTENSITÄT

- ✗ Ausraster
- ○ Becker Faust
- ○ erleichterter Stoßseufzer

## WER HAT MITGEGUCKT?

Markus + Rolf

- ○ soll demnächst zuhause bleiben
- ✗ darf wieder mitschauen

## FAN-EMPFINDUNGEN

Beschreibe deine Fan-Empfindungen während und nach dem Spiel

Ich habe mich wahnsinnig über das ungerechte Tor von Aue aufgeregt! Nach dem Spiel durfte ich auf den Platz (ein Ein-Mann-Platz-Sturm. Mein Gefühl: Totale Erleichterung.

### JES (Jubelerinnerungsstück)

# Inhalt
## Deine Spiele

| | |
|---|---|
| ............................................................................ | S. 06-07 |
| Spiel 1 | |
| ............................................................................ | S. 08-09 |
| Spiel 2 | |
| ............................................................................ | S. 10-11 |
| Spiel 3 | |
| ............................................................................ | S. 12-13 |
| Spiel 4 | |
| ............................................................................ | S. 14-15 |
| Spiel 5 | |
| ............................................................................ | S. 16-17 |
| Spiel 6 | |
| ............................................................................ | S. 18-19 |
| Spiel 7 | |
| ............................................................................ | S. 20-21 |
| Spiel 8 | |
| ............................................................................ | S. 22-23 |
| Spiel 9 | |
| ............................................................................ | S. 24-25 |
| Spiel 10 | |
| ............................................................................ | S. 26-27 |
| Spiel 11 | |
| ............................................................................ | S. 28-29 |
| Spiel 12 | |
| ............................................................................ | S. 30-31 |
| Spiel 13 | |
| ............................................................................ | S. 32-33 |
| Spiel 14 | |
| ............................................................................ | S. 34-35 |
| Spiel 15 | |

Spiel 16 .................... S. 36-37

Spiel 17 .................... S. 38-39

Spiel 18 .................... S. 40-41

Spiel 19 .................... S. 42-43

Spiel 20 .................... S. 44-45

Spiel 21 .................... S. 46-47

Spiel 22 .................... S. 48-49

Spiel 23 .................... S. 50-51

Spiel 24 .................... S. 52-53

Spiel 25 .................... S. 54-55

Spiel 26 .................... S. 56-57

Spiel 27 .................... S. 58-59

Spiel 28 .................... S. 60-61

Spiel 29 .................... S. 62-63

Spiel 30 .................... S. 64-65

# Inhalt
Deine Spiele

| | |
|---|---|
| Spiel 31 | S. 66-67 |
| Spiel 32 | S. 68-69 |
| Spiel 33 | S. 70-71 |
| Spiel 34 | S. 72-73 |
| Spiel 35 | S. 74-75 |
| Spiel 36 | S. 76-77 |
| Spiel 37 | S. 78-79 |
| Spiel 38 | S. 80-81 |
| Spiel 39 | S. 82-83 |
| Spiel 40 | S. 84-85 |
| Spiel 41 | S. 86-87 |
| Spiel 42 | S. 88-89 |
| Spiel 43 | S. 90-91 |
| Spiel 44 | S. 92-93 |
| Spiel 45 | S. 94-95 |

Spiel 46 ........... S. 96-97
Spiel 47 ........... S. 98-99
Spiel 48 ........... S. 100-101
Spiel 49 ........... S. 102-103
Spiel 50 ........... S. 104-105
Spiel 51 ........... S. 106-107
Spiel 52 ........... S. 108-109
Spiel 53 ........... S. 110-111
Spiel 54 ........... S. 112-113
Spiel 55 ........... S. 114-115
Spiel 56 ........... S. 116-117
Spiel 57 ........... S. 118-119
Spiel 58 ........... S. 120-121
Spiel 59 ........... S. 122-123
Spiel 60 ........... S. 124-125

# 01. SPIEL

Datum ......................................................................

### SPIEL

...............................  ...............................

## SPIELERGEBNIS

[ ............ ] : [ ............ ]

## WO HAST DU DAS SPIEL GESEHEN

○ TV   ○ Stadion   ○ Kneipe   ○ ........................................................

## SPIELWETTER

○ Sonne ☀   ○ Regen ☂   ○ Schneeschauer ❄   ○ kann mich nicht erinnern, ich war zu aufgeregt

## MAN OF THE MATCH

..........................................................................................................................

Das war für mich der Man of the Match / Spieler des Spiels

## WIE WAR DER SCHIRI?

○ geht so   ○ Schieber   ○ Vollpfosten   ○ ........................................................

## BESONDERHEITEN DES SPIELS

○ rote Karte   ○ gehaltener Elfer   ○ Hattrick   ○ Spiel gedreht   ○ hoch gewonnen

○ ........................................................

## DEIN FAN-GESANG / DER FAN-SPRUCH DES TAGES

..........................................................................................................................
..........................................................................................................................
..........................................................................................................................

## DEIN FAN-GETRÄNK DES TAGES

..................................................................................................................................................................

## WAS HAST DU ZUM SPIEL BEIGETRAGEN

- o Trikot getragen
- o mitgesungen
- o vor dem Spiel eine Bockwurst gegessen
- o etwas ganz anderes ..........................................................................................
- o Schiedsrichter beleidigt

## DEINE JUBEL-INTENSITÄT

- o Ausraster
- o Becker Faust
- o erleichterter Stoßseufzer

## WER HAT MITGEGUCKT?

..................................................................................................................................................................
- o soll demnächst zuhause bleiben
- o darf wieder mitschauen

## FAN-EMPFINDUNGEN
Beschreibe deine Fan-Empfindungen während und nach dem Spiel

..................................................................................................................................................................
..................................................................................................................................................................
..................................................................................................................................................................

## JES (Jubelerinnerungsstück)
Foto vom Bildschirm/Stadionblick/Jubel-Selfie/Bieretikett/
Screenshot vom Tabellenstand (Aufstiegsplatz!!!)

7

# 02. SPIEL

Datum ........................................

> SPIEL <

........................ : ........................

**SPIELERGEBNIS**

[ .......... ] : [ .......... ]

**WO HAST DU DAS SPIEL GESEHEN**

o TV    o Stadion    o Kneipe    o ..................................................

**SPIELWETTER**

o Sonne ☀    o Regen 💧    o Schneeschauer ❄    o kann mich nicht erinnern, ich war zu aufgeregt

**MAN OF THE MATCH**

..................................................................................................
Das war für mich der Man of the Match / Spieler des Spiels

**WIE WAR DER SCHIRI?**

o geht so    o Schieber    o Vollpfosten    o ..................................................

**BESONDERHEITEN DES SPIELS**

o rote Karte    o gehaltener Elfer    o Hattrick    o Spiel gedreht    o hoch gewonnen

o ..................................................................................................

**DEIN FAN-GESANG / DER FAN-SPRUCH DES TAGES**

..................................................................................................
..................................................................................................
..................................................................................................

## DEIN FAN-GETRÄNK DES TAGES

........................................................................................................................................................

## WAS HAST DU ZUM SPIEL BEIGETRAGEN

- ○ Trikot getragen
- ○ vor dem Spiel eine Bockwurst gegessen
- ○ Schiedsrichter beleidigt
- ○ mitgesungen
- ○ etwas ganz anderes ............................................................................................................

## DEINE JUBEL-INTENSITÄT

- ○ Ausraster
- ○ Becker Faust
- ○ erleichterter Stoßseufzer

## WER HAT MITGEGUCKT?

- ○ soll demnächst zuhause bleiben
- ○ darf wieder mitschauen

## FAN-EMPFINDUNGEN

Beschreibe deine Fan-Empfindungen während und nach dem Spiel

........................................................................................................................................................

........................................................................................................................................................

## JES (Jubelerinnerungsstück)

Foto vom Bildschirm/Stadionblick/Jubel-Selfie/Bieretikett/
Screenshot vom Tabellenstand (Aufstiegsplatz!!!)

# 03. SPIEL

Datum ....................................

> SPIEL <

.............. : ..............

## SPIELERGEBNIS

[ .......... ] : [ .......... ]

## WO HAST DU DAS SPIEL GESEHEN

o TV   o Stadion   o Kneipe   o ..........................................

## SPIELWETTER

o Sonne ☀   o Regen 💧   o Schneeschauer ❄   o kann mich nicht erinnern, ich war zu aufgeregt

## MAN OF THE MATCH

....................................................................................................

Das war für mich der Man of the Match / Spieler des Spiels

## WIE WAR DER SCHIRI?

o geht so   o Schieber   o Vollpfosten   o ..........................................

## BESONDERHEITEN DES SPIELS

o rote Karte   o gehaltener Elfer   o Hattrick   o Spiel gedreht   o hoch gewonnen

o ..........................................

## DEIN FAN-GESANG / DER FAN-SPRUCH DES TAGES

....................................................................................................
....................................................................................................
....................................................................................................

## DEIN FAN-GETRÄNK DES TAGES

........................................................................................................................................................

## WAS HAST DU ZUM SPIEL BEIGETRAGEN

o Trikot getragen          o vor dem Spiel eine Bockwurst gegessen          o Schiedsrichter beleidigt

o mitgesungen              o etwas ganz anderes ........................................................................................

## DEINE JUBEL-INTENSITÄT

o Ausraster          o Becker Faust          o erleichterter Stoßseufzer

## WER HAT MITGEGUCKT?

........................................................................................................................................................

o soll demnächst zuhause bleiben          o darf wieder mitschauen

## FAN-EMPFINDUNGEN
Beschreibe deine Fan-Empfindungen während und nach dem Spiel

........................................................................................................................................................

........................................................................................................................................................

........................................................................................................................................................

## JES (Jubelerinnerungsstück)
Foto vom Bildschirm/Stadionblick/Jubel-Selfie/Bieretikett/
Screenshot vom Tabellenstand (Aufstiegsplatz!!!)

11

# 04. SPIEL

Datum ..................................

> SPIEL <

........................... : ...........................

## SPIELERGEBNIS

[ ............ ] : [ ............ ]

## WO HAST DU DAS SPIEL GESEHEN

o TV   o Stadion   o Kneipe   o ..................................

## SPIELWETTER

o Sonne ☀   o Regen ☂   o Schneeschauer ❄   o kann mich nicht erinnern, ich war zu aufgeregt

## MAN OF THE MATCH

..................................................................

Das war für mich der Man of the Match / Spieler des Spiels

## WIE WAR DER SCHIRI?

o geht so   o Schieber   o Vollpfosten   o ..................................

## BESONDERHEITEN DES SPIELS

o rote Karte   o gehaltener Elfer   o Hattrick   o Spiel gedreht   o hoch gewonnen

o ..................................

## DEIN FAN-GESANG / DER FAN-SPRUCH DES TAGES

..................................................................
..................................................................
..................................................................

## DEIN FAN-GETRÄNK DES TAGES

..................................................................................................................................................................................

## WAS HAST DU ZUM SPIEL BEIGETRAGEN

- ○ Trikot getragen
- ○ vor dem Spiel eine Bockwurst gegessen
- ○ Schiedsrichter beleidigt
- ○ mitgesungen
- ○ etwas ganz anderes ..............................................................................

## DEINE JUBEL-INTENSITÄT

- ○ Ausraster
- ○ Becker Faust
- ○ erleichterter Stoßseufzer

## WER HAT MITGEGUCKT?

..................................................................................................................................................................................
- ○ soll demnächst zuhause bleiben
- ○ darf wieder mitschauen

## FAN-EMPFINDUNGEN
Beschreibe deine Fan-Empfindungen während und nach dem Spiel

..................................................................................................................................................................................

..................................................................................................................................................................................

..................................................................................................................................................................................

## JES (Jubelerinnerungsstück)
Foto vom Bildschirm/Stadionblick/Jubel-Selfie/Bieretikett/
Screenshot vom Tabellenstand (Aufstiegsplatz!!!)

# 05. SPIEL

Datum ..........................................

### SPIEL

.......................................... : ..........................................

### SPIELERGEBNIS

.......... : ..........

### WO HAST DU DAS SPIEL GESEHEN

○ TV   ○ Stadion   ○ Kneipe   ○ ..........................................

### SPIELWETTER

○ Sonne ☀   ○ Regen 💧   ○ Schneeschauer ❄   ○ kann mich nicht erinnern, ich war zu aufgeregt

### MAN OF THE MATCH

..........................................

Das war für mich der Man of the Match / Spieler des Spiels

### WIE WAR DER SCHIRI?

○ geht so   ○ Schieber   ○ Vollpfosten   ○ ..........................................

### BESONDERHEITEN DES SPIELS

○ rote Karte   ○ gehaltener Elfer   ○ Hattrick   ○ Spiel gedreht   ○ hoch gewonnen

○ ..........................................

### DEIN FAN-GESANG / DER FAN-SPRUCH DES TAGES

..........................................
..........................................
..........................................

## DEIN FAN-GETRÄNK DES TAGES

..................................................................................................................................................

## WAS HAST DU ZUM SPIEL BEIGETRAGEN

o Trikot getragen         o vor dem Spiel eine Bockwurst gegessen         o Schiedsrichter beleidigt

o mitgesungen             o etwas ganz anderes ............................................................................

## DEINE JUBEL-INTENSITÄT

o Ausraster         o Becker Faust         o erleichterter Stoßseufzer

## WER HAT MITGEGUCKT?

..................................................................................................................................................

o soll demnächst zuhause bleiben         o darf wieder mitschauen

## FAN-EMPFINDUNGEN

Beschreibe deine Fan-Empfindungen während und nach dem Spiel

..................................................................................................................................................

..................................................................................................................................................

..................................................................................................................................................

## JES (Jubelerinnerungsstück)

Foto vom Bildschirm/Stadionblick/Jubel-Selfie/Bieretikett/
Screenshot vom Tabellenstand (Aufstiegsplatz!!!)

15

# 06. SPIEL

Datum ........................................

### SPIEL

........................ : ........................

---

**SPIELERGEBNIS**

[ .......... ] : [ .......... ]

---

**WO HAST DU DAS SPIEL GESEHEN**

o TV    o Stadion    o Kneipe    o ..........................................

---

**SPIELWETTER**

o Sonne    o Regen    o Schneeschauer    o kann mich nicht erinnern, ich war zu aufgeregt

---

**MAN OF THE MATCH**

..........................................................................................................

Das war für mich der Man of the Match / Spieler des Spiels

---

**WIE WAR DER SCHIRI?**

o geht so    o Schieber    o Vollpfosten    o ..........................................

---

**BESONDERHEITEN DES SPIELS**

o rote Karte    o gehaltener Elfer    o Hattrick    o Spiel gedreht    o hoch gewonnen

o ..........................................................................................................

---

**DEIN FAN-GESANG / DER FAN-SPRUCH DES TAGES**

..........................................................................................................
..........................................................................................................
..........................................................................................................

16

## DEIN FAN-GETRÄNK DES TAGES

...........

## WAS HAST DU ZUM SPIEL BEIGETRAGEN

- o Trikot getragen
- o vor dem Spiel eine Bockwurst gegessen
- o Schiedsrichter beleidigt
- o mitgesungen
- o etwas ganz anderes ...........

## DEINE JUBEL-INTENSITÄT

- o Ausraster
- o Becker Faust
- o erleichterter Stoßseufzer

## WER HAT MITGEGUCKT?

...........

- o soll demnächst zuhause bleiben
- o darf wieder mitschauen

## FAN-EMPFINDUNGEN

Beschreibe deine Fan-Empfindungen während und nach dem Spiel

...........
...........
...........

## JES (Jubelerinnerungsstück)

Foto vom Bildschirm/Stadionblick/Jubel-Selfie/Bieretikett/
Screenshot vom Tabellenstand (Aufstiegsplatz!!!)

# 07. SPIEL

Datum ..................................

> SPIEL <

.......................... : ..........................

## SPIELERGEBNIS

[ .......... ] : [ .......... ]

## WO HAST DU DAS SPIEL GESEHEN

○ TV    ○ Stadion    ○ Kneipe    ○ ..........................................

## SPIELWETTER

○ Sonne ☀    ○ Regen 💧    ○ Schneeschauer ❄    ○ kann mich nicht erinnern, ich war zu aufgeregt

## MAN OF THE MATCH

..........................................................................

Das war für mich der Man of the Match / Spieler des Spiels

## WIE WAR DER SCHIRI?

○ geht so    ○ Schieber    ○ Vollpfosten    ○ ..........................................

## BESONDERHEITEN DES SPIELS

○ rote Karte    ○ gehaltener Elfer    ○ Hattrick    ○ Spiel gedreht    ○ hoch gewonnen

○ ..........................................

## DEIN FAN-GESANG / DER FAN-SPRUCH DES TAGES

..........................................................................
..........................................................................
..........................................................................

## DEIN FAN-GETRÄNK DES TAGES

..................................................................................................................................................................

## WAS HAST DU ZUM SPIEL BEIGETRAGEN

- o Trikot getragen
- o mitgesungen
- o vor dem Spiel eine Bockwurst gegessen
- o etwas ganz anderes ........................................................................
- o Schiedsrichter beleidigt

## DEINE JUBEL-INTENSITÄT

- o Ausraster
- o Becker Faust
- o erleichterter Stoßseufzer

## WER HAT MITGEGUCKT?

..................................................................................................................................................................

- o soll demnächst zuhause bleiben
- o darf wieder mitschauen

## FAN-EMPFINDUNGEN

Beschreibe deine Fan-Empfindungen während und nach dem Spiel

..................................................................................................................................................................
..................................................................................................................................................................
..................................................................................................................................................................

## JES (Jubelerinnerungsstück)

Foto vom Bildschirm/Stadionblick/Jubel-Selfie/Bieretikett/
Screenshot vom Tabellenstand (Aufstiegsplatz!!!)

# 08. SPIEL

Datum ..........................

> SPIEL

............... : ...............

## SPIELERGEBNIS

[ .......... ] : [ .......... ]

## WO HAST DU DAS SPIEL GESEHEN

○ TV   ○ Stadion   ○ Kneipe   ○ ..............................................

## SPIELWETTER

○ Sonne ☀   ○ Regen 💧   ○ Schneeschauer ❄   ○ kann mich nicht erinnern, ich war zu aufgeregt

## MAN OF THE MATCH

..........................................................................................

Das war für mich der Man of the Match / Spieler des Spiels

## WIE WAR DER SCHIRI?

○ geht so   ○ Schieber   ○ Vollpfosten   ○ ..............................................

## BESONDERHEITEN DES SPIELS

○ rote Karte   ○ gehaltener Elfer   ○ Hattrick   ○ Spiel gedreht   ○ hoch gewonnen

○ ..............................................

## DEIN FAN-GESANG / DER FAN-SPRUCH DES TAGES

..........................................................................................
..........................................................................................
..........................................................................................

## DEIN FAN-GETRÄNK DES TAGES

.....................................................................................................................................................

## WAS HAST DU ZUM SPIEL BEIGETRAGEN

o Trikot getragen         o vor dem Spiel eine Bockwurst gegessen         o Schiedsrichter beleidigt

o mitgesungen             o etwas ganz anderes ................................................................................................

## DEINE JUBEL-INTENSITÄT

o Ausraster         o Becker Faust         o erleichterter Stoßseufzer

## WER HAT MITGEGUCKT?

.....................................................................................................................................................

o soll demnächst zuhause bleiben         o darf wieder mitschauen

## FAN-EMPFINDUNGEN
Beschreibe deine Fan-Empfindungen während und nach dem Spiel

.....................................................................................................................................................

.....................................................................................................................................................

.....................................................................................................................................................

## JES (Jubelerinnerungsstück)
Foto vom Bildschirm/Stadionblick/Jubel-Selfie/Bieretikett/
Screenshot vom Tabellenstand (Aufstiegsplatz!!!)

# 09. SPIEL

Datum .................................................

## SPIEL

............................. : .............................

### SPIELERGEBNIS

........... : ...........

### WO HAST DU DAS SPIEL GESEHEN

○ TV   ○ Stadion   ○ Kneipe   ○ ..............................................

### SPIELWETTER

○ Sonne ☀   ○ Regen 💧   ○ Schneeschauer ❄   ○ kann mich nicht erinnern, ich war zu aufgeregt

### MAN OF THE MATCH

...................................................................................................................

Das war für mich der Man of the Match / Spieler des Spiels

### WIE WAR DER SCHIRI?

○ geht so   ○ Schieber   ○ Vollpfosten   ○ ..............................................

### BESONDERHEITEN DES SPIELS

○ rote Karte   ○ gehaltener Elfer   ○ Hattrick   ○ Spiel gedreht   ○ hoch gewonnen

○ ..............................................

### DEIN FAN-GESANG / DER FAN-SPRUCH DES TAGES

...................................................................................................................

...................................................................................................................

...................................................................................................................

## DEIN FAN-GETRÄNK DES TAGES

..........................................................................................................................................................................

## WAS HAST DU ZUM SPIEL BEIGETRAGEN

o Trikot getragen         o vor dem Spiel eine Bockwurst gegessen         o Schiedsrichter beleidigt

o mitgesungen             o etwas ganz anderes ..............................................................................................

## DEINE JUBEL-INTENSITÄT

o Ausraster         o Becker Faust         o erleichterter Stoßseufzer

## WER HAT MITGEGUCKT?

..........................................................................................................................................................................

o soll demnächst zuhause bleiben         o darf wieder mitschauen

## FAN-EMPFINDUNGEN

Beschreibe deine Fan-Empfindungen während und nach dem Spiel

..........................................................................................................................................................................

..........................................................................................................................................................................

..........................................................................................................................................................................

## JES (Jubelerinnerungsstück)

Foto vom Bildschirm/Stadionblick/Jubel-Selfie/Bieretikett/
Screenshot vom Tabellenstand (Aufstiegsplatz!!!)

23

# 10. SPIEL

Datum

> SPIEL <

...................... : ......................

## SPIELERGEBNIS

[ .......... ] : [ .......... ]

## WO HAST DU DAS SPIEL GESEHEN

○ TV   ○ Stadion   ○ Kneipe   ○ ..........

## SPIELWETTER

○ Sonne ☀   ○ Regen 💧   ○ Schneeschauer ❄   ○ kann mich nicht erinnern, ich war zu aufgeregt

## MAN OF THE MATCH

..........

Das war für mich der Man of the Match / Spieler des Spiels

## WIE WAR DER SCHIRI?

○ geht so   ○ Schieber   ○ Vollpfosten   ○ ..........

## BESONDERHEITEN DES SPIELS

○ rote Karte   ○ gehaltener Elfer   ○ Hattrick   ○ Spiel gedreht   ○ hoch gewonnen
○ ..........

## DEIN FAN-GESANG / DER FAN-SPRUCH DES TAGES

..........
..........
..........

## DEIN FAN-GETRÄNK DES TAGES

...........................................................................................................................................................................

## WAS HAST DU ZUM SPIEL BEIGETRAGEN

o Trikot getragen     o vor dem Spiel eine Bockwurst gegessen     o Schiedsrichter beleidigt

o mitgesungen     o etwas ganz anderes .........................................................................................................

## DEINE JUBEL-INTENSITÄT

o Ausraster     o Becker Faust     o erleichterter Stoßseufzer

## WER HAT MITGEGUCKT?

...........................................................................................................................................................................

o soll demnächst zuhause bleiben     o darf wieder mitschauen

## FAN-EMPFINDUNGEN

Beschreibe deine Fan-Empfindungen während und nach dem Spiel

...........................................................................................................................................................................

...........................................................................................................................................................................

...........................................................................................................................................................................

## JES (Jubelerinnerungsstück)

Foto vom Bildschirm/Stadionblick/Jubel-Selfie/Bieretikett/
Screenshot vom Tabellenstand (Aufstiegsplatz!!!)

# 11. SPIEL

Datum ..................................

........................................ : ........................................

## SPIELERGEBNIS

........ : ........

## WO HAST DU DAS SPIEL GESEHEN

○ TV   ○ Stadion   ○ Kneipe   ○ ..................................

## SPIELWETTER

○ Sonne   ○ Regen   ○ Schneeschauer   ○ kann mich nicht erinnern, ich war zu aufgeregt

## MAN OF THE MATCH

..................................................................................

Das war für mich der Man of the Match / Spieler des Spiels

## WIE WAR DER SCHIRI?

○ geht so   ○ Schieber   ○ Vollpfosten   ○ ..................................

## BESONDERHEITEN DES SPIELS

○ rote Karte   ○ gehaltener Elfer   ○ Hattrick   ○ Spiel gedreht   ○ hoch gewonnen

○ ..................................

## DEIN FAN-GESANG / DER FAN-SPRUCH DES TAGES

..................................................................................
..................................................................................
..................................................................................

## DEIN FAN-GETRÄNK DES TAGES

..................................................................................................................................................

## WAS HAST DU ZUM SPIEL BEIGETRAGEN

o Trikot getragen          o vor dem Spiel eine Bockwurst gegessen          o Schiedsrichter beleidigt

o mitgesungen              o etwas ganz anderes ..........................................................................

## DEINE JUBEL-INTENSITÄT

o Ausraster          o Becker Faust          o erleichterter Stoßseufzer

## WER HAT MITGEGUCKT?

..................................................................................................................................................

o soll demnächst zuhause bleiben          o darf wieder mitschauen

## FAN-EMPFINDUNGEN
Beschreibe deine Fan-Empfindungen während und nach dem Spiel

..................................................................................................................................................

..................................................................................................................................................

..................................................................................................................................................

## JES (Jubelerinnerungsstück)
Foto vom Bildschirm/Stadionblick/Jubel-Selfie/Bieretikett/
Screenshot vom Tabellenstand (Aufstiegsplatz!!!)

27

# 12. SPIEL

Datum ..................................

### SPIEL

........................ : ........................

---

### SPIELERGEBNIS

[ .............. ] : [ .............. ]

---

### WO HAST DU DAS SPIEL GESEHEN

o TV    o Stadion    o Kneipe    o ..................................

---

### SPIELWETTER

o Sonne ☀    o Regen ☂    o Schneeschauer ❄    o kann mich nicht erinnern, ich war zu aufgeregt

---

### MAN OF THE MATCH

..................................................................................................

Das war für mich der Man of the Match / Spieler des Spiels

---

### WIE WAR DER SCHIRI?

o geht so    o Schieber    o Vollpfosten    o ..................................

---

### BESONDERHEITEN DES SPIELS

o rote Karte    o gehaltener Elfer    o Hattrick    o Spiel gedreht    o hoch gewonnen

o ..................................................................................................

---

### DEIN FAN-GESANG / DER FAN-SPRUCH DES TAGES

..................................................................................................

..................................................................................................

## DEIN FAN-GETRÄNK DES TAGES

..................................................................................................................................................

## WAS HAST DU ZUM SPIEL BEIGETRAGEN

o Trikot getragen     o vor dem Spiel eine Bockwurst gegessen     o Schiedsrichter beleidigt

o mitgesungen     o etwas ganz anderes ..........................................................................

## DEINE JUBEL-INTENSITÄT

o Ausraster     o Becker Faust     o erleichterter Stoßseufzer

## WER HAT MITGEGUCKT?

..................................................................................................................................................

o soll demnächst zuhause bleiben     o darf wieder mitschauen

## FAN-EMPFINDUNGEN

Beschreibe deine Fan-Empfindungen während und nach dem Spiel

..................................................................................................................................................
..................................................................................................................................................
..................................................................................................................................................

## JES (Jubelerinnerungsstück)

Foto vom Bildschirm/Stadionblick/Jubel-Selfie/Bieretikett/
Screenshot vom Tabellenstand (Aufstiegsplatz!!!)

# 13. SPIEL

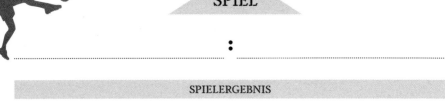

Datum

## SPIEL

: 

### SPIELERGEBNIS

: 

### WO HAST DU DAS SPIEL GESEHEN

o TV   o Stadion   o Kneipe   o ..................

### SPIELWETTER

o Sonne ☀   o Regen   o Schneeschauer   o kann mich nicht erinnern, ich war zu aufgeregt

### MAN OF THE MATCH

..................................................................................................

Das war für mich der Man of the Match / Spieler des Spiels

### WIE WAR DER SCHIRI?

o geht so   o Schieber   o Vollpfosten   o ..................

### BESONDERHEITEN DES SPIELS

o rote Karte   o gehaltener Elfer   o Hattrick   o Spiel gedreht   o hoch gewonnen
o ..................

### DEIN FAN-GESANG / DER FAN-SPRUCH DES TAGES

..................................................................................................
..................................................................................................
..................................................................................................

## DEIN FAN-GETRÄNK DES TAGES

..............................................................................................................................................................................

## WAS HAST DU ZUM SPIEL BEIGETRAGEN

- o Trikot getragen
- o mitgesungen
- o vor dem Spiel eine Bockwurst gegessen
- o etwas ganz anderes ..........................................................................................
- o Schiedsrichter beleidigt

## DEINE JUBEL-INTENSITÄT

- o Ausraster
- o Becker Faust
- o erleichterter Stoßseufzer

## WER HAT MITGEGUCKT?

..............................................................................................................................................................................

- o soll demnächst zuhause bleiben
- o darf wieder mitschauen

## FAN-EMPFINDUNGEN
Beschreibe deine Fan-Empfindungen während und nach dem Spiel

..............................................................................................................................................................................

..............................................................................................................................................................................

..............................................................................................................................................................................

## JES (Jubelerinnerungsstück)
Foto vom Bildschirm/Stadionblick/Jubel-Selfie/Bieretikett/
Screenshot vom Tabellenstand (Aufstiegsplatz!!!)

31

# 14. SPIEL

Datum ........................................

> SPIEL

........................ : ........................

## SPIELERGEBNIS

[ .......... ] : [ .......... ]

## WO HAST DU DAS SPIEL GESEHEN

o TV   o Stadion   o Kneipe   o ........................

## SPIELWETTER

o Sonne   o Regen   o Schneeschauer   o kann mich nicht erinnern, ich war zu aufgeregt

## MAN OF THE MATCH

........................................................

Das war für mich der Man of the Match / Spieler des Spiels

## WIE WAR DER SCHIRI?

o geht so   o Schieber   o Vollpfosten   o ........................

## BESONDERHEITEN DES SPIELS

o rote Karte   o gehaltener Elfer   o Hattrick   o Spiel gedreht   o hoch gewonnen

o ........................

## DEIN FAN-GESANG / DER FAN-SPRUCH DES TAGES

........................................................
........................................................
........................................................

## DEIN FAN-GETRÄNK DES TAGES

## WAS HAST DU ZUM SPIEL BEIGETRAGEN

- ○ Trikot getragen
- ○ vor dem Spiel eine Bockwurst gegessen
- ○ Schiedsrichter beleidigt
- ○ mitgesungen
- ○ etwas ganz anderes

## DEINE JUBEL-INTENSITÄT

- ○ Ausraster
- ○ Becker Faust
- ○ erleichterter Stoßseufzer

## WER HAT MITGEGUCKT?

- ○ soll demnächst zuhause bleiben
- ○ darf wieder mitschauen

## FAN-EMPFINDUNGEN

Beschreibe deine Fan-Empfindungen während und nach dem Spiel

## JES (Jubelerinnerungsstück)

Foto vom Bildschirm/Stadionblick/Jubel-Selfie/Bieretikett/
Screenshot vom Tabellenstand (Aufstiegsplatz!!!)

# 15. SPIEL

Datum

## SPIEL

_____ : _____

### SPIELERGEBNIS

_____ : _____

### WO HAST DU DAS SPIEL GESEHEN

○ TV   ○ Stadion   ○ Kneipe   ○ _____

### SPIELWETTER

○ Sonne   ○ Regen   ○ Schneeschauer   ○ kann mich nicht erinnern, ich war zu aufgeregt

### MAN OF THE MATCH

_____

Das war für mich der Man of the Match / Spieler des Spiels

### WIE WAR DER SCHIRI?

○ geht so   ○ Schieber   ○ Vollpfosten   ○ _____

### BESONDERHEITEN DES SPIELS

○ rote Karte   ○ gehaltener Elfer   ○ Hattrick   ○ Spiel gedreht   ○ hoch gewonnen

○ _____

### DEIN FAN-GESANG / DER FAN-SPRUCH DES TAGES

_____
_____
_____

## DEIN FAN-GETRÄNK DES TAGES

## WAS HAST DU ZUM SPIEL BEIGETRAGEN

○ Trikot getragen  ○ vor dem Spiel eine Bockwurst gegessen  ○ Schiedsrichter beleidigt
○ mitgesungen  ○ etwas ganz anderes

## DEINE JUBEL-INTENSITÄT

○ Ausraster  ○ Becker Faust  ○ erleichterter Stoßseufzer

## WER HAT MITGEGUCKT?

○ soll demnächst zuhause bleiben  ○ darf wieder mitschauen

## FAN-EMPFINDUNGEN

Beschreibe deine Fan-Empfindungen während und nach dem Spiel

## JES (Jubelerinnerungsstück)

Foto vom Bildschirm/Stadionblick/Jubel-Selfie/Bieretikett/
Screenshot vom Tabellenstand (Aufstiegsplatz!!!)

# 16. SPIEL

Datum ..................

### SPIEL

...................... : ......................

### SPIELERGEBNIS

............ : ............

### WO HAST DU DAS SPIEL GESEHEN

o TV    o Stadion    o Kneipe    o ..................

### SPIELWETTER

o Sonne    o Regen    o Schneeschauer    o kann mich nicht erinnern, ich war zu aufgeregt

### MAN OF THE MATCH

..................

Das war für mich der Man of the Match / Spieler des Spiels

### WIE WAR DER SCHIRI?

o geht so    o Schieber    o Vollpfosten    o ..................

### BESONDERHEITEN DES SPIELS

o rote Karte    o gehaltener Elfer    o Hattrick    o Spiel gedreht    o hoch gewonnen

o ..................

### DEIN FAN-GESANG / DER FAN-SPRUCH DES TAGES

..................
..................
..................

### DEIN FAN-GETRÄNK DES TAGES

..................................................................................................................................................................

### WAS HAST DU ZUM SPIEL BEIGETRAGEN

○ Trikot getragen　　　○ vor dem Spiel eine Bockwurst gegessen　　　○ Schiedsrichter beleidigt

○ mitgesungen　　　○ etwas ganz anderes ..........................................................................................

### DEINE JUBEL-INTENSITÄT

○ Ausraster　　　○ Becker Faust　　　○ erleichterter Stoßseufzer

### WER HAT MITGEGUCKT?

..................................................................................................................................................................

○ soll demnächst zuhause bleiben　　　○ darf wieder mitschauen

### FAN-EMPFINDUNGEN

Beschreibe deine Fan-Empfindungen während und nach dem Spiel

..................................................................................................................................................................
..................................................................................................................................................................
..................................................................................................................................................................

### JES (Jubelerinnerungsstück)

Foto vom Bildschirm/Stadionblick/Jubel-Selfie/Bieretikett/
Screenshot vom Tabellenstand (Aufstiegsplatz!!!)

# 17. SPIEL

Datum .................................

## SPIEL

.................... : ....................

### SPIELERGEBNIS

[ .......... ] : [ .......... ]

### WO HAST DU DAS SPIEL GESEHEN

○ TV   ○ Stadion   ○ Kneipe   ○ ...............................................

### SPIELWETTER

○ Sonne   ○ Regen   ○ Schneeschauer   ○ kann mich nicht erinnern, ich war zu aufgeregt

### MAN OF THE MATCH

...................................................................................................

Das war für mich der Man of the Match / Spieler des Spiels

### WIE WAR DER SCHIRI?

○ geht so   ○ Schieber   ○ Vollpfosten   ○ ...............................................

### BESONDERHEITEN DES SPIELS

○ rote Karte   ○ gehaltener Elfer   ○ Hattrick   ○ Spiel gedreht   ○ hoch gewonnen

○ ...............................................

### DEIN FAN-GESANG / DER FAN-SPRUCH DES TAGES

...................................................................................................
...................................................................................................
...................................................................................................

## DEIN FAN-GETRÄNK DES TAGES

..................................................................................................................................................................

## WAS HAST DU ZUM SPIEL BEIGETRAGEN

○ Trikot getragen   ○ vor dem Spiel eine Bockwurst gegessen   ○ Schiedsrichter beleidigt

○ mitgesungen   ○ etwas ganz anderes ............................................................................................

## DEINE JUBEL-INTENSITÄT

○ Ausraster   ○ Becker Faust   ○ erleichterter Stoßseufzer

## WER HAT MITGEGUCKT?

..................................................................................................................................................................

○ soll demnächst zuhause bleiben   ○ darf wieder mitschauen

## FAN-EMPFINDUNGEN
Beschreibe deine Fan-Empfindungen während und nach dem Spiel

..................................................................................................................................................................

..................................................................................................................................................................

..................................................................................................................................................................

## JES (Jubelerinnerungsstück)
Foto vom Bildschirm/Stadionblick/Jubel-Selfie/Bieretikett/
Screenshot vom Tabellenstand (Aufstiegsplatz!!!)

# 18. SPIEL

Datum

### SPIEL

: 

### SPIELERGEBNIS

☐ : ☐

### WO HAST DU DAS SPIEL GESEHEN

○ TV   ○ Stadion   ○ Kneipe   ○ ...........

### SPIELWETTER

○ Sonne   ○ Regen   ○ Schneeschauer   ○ kann mich nicht erinnern, ich war zu aufgeregt

### MAN OF THE MATCH

Das war für mich der Man of the Match / Spieler des Spiels

### WIE WAR DER SCHIRI?

○ geht so   ○ Schieber   ○ Vollpfosten   ○ ...........

### BESONDERHEITEN DES SPIELS

○ rote Karte   ○ gehaltener Elfer   ○ Hattrick   ○ Spiel gedreht   ○ hoch gewonnen
○ ...........

### DEIN FAN-GESANG / DER FAN-SPRUCH DES TAGES

## DEIN FAN-GETRÄNK DES TAGES

.................................................................................................................................................

## WAS HAST DU ZUM SPIEL BEIGETRAGEN

- o Trikot getragen
- o mitgesungen
- o vor dem Spiel eine Bockwurst gegessen
- o etwas ganz anderes .................................................................................
- o Schiedsrichter beleidigt

## DEINE JUBEL-INTENSITÄT

- o Ausraster
- o Becker Faust
- o erleichterter Stoßseufzer

## WER HAT MITGEGUCKT?

.................................................................................................................................................

- o soll demnächst zuhause bleiben
- o darf wieder mitschauen

## FAN-EMPFINDUNGEN

Beschreibe deine Fan-Empfindungen während und nach dem Spiel

.................................................................................................................................................
.................................................................................................................................................
.................................................................................................................................................

## JES (Jubelerinnerungsstück)

Foto vom Bildschirm/Stadionblick/Jubel-Selfie/Bieretikett/
Screenshot vom Tabellenstand (Aufstiegsplatz!!!)

# 19. SPIEL

Datum ..................................

## SPIEL

..................... : .....................

### SPIELERGEBNIS

[ ............... ] : [ ............... ]

### WO HAST DU DAS SPIEL GESEHEN

○ TV   ○ Stadion   ○ Kneipe   ○ ..................................

### SPIELWETTER

○ Sonne ☀   ○ Regen ☂   ○ Schneeschauer ❄   ○ kann mich nicht erinnern, ich war zu aufgeregt

### MAN OF THE MATCH

..................................................................

Das war für mich der Man of the Match / Spieler des Spiels

### WIE WAR DER SCHIRI?

○ geht so   ○ Schieber   ○ Vollpfosten   ○ ..................................

### BESONDERHEITEN DES SPIELS

○ rote Karte   ○ gehaltener Elfer   ○ Hattrick   ○ Spiel gedreht   ○ hoch gewonnen

○ ..................................

### DEIN FAN-GESANG / DER FAN-SPRUCH DES TAGES

..................................................................
..................................................................
..................................................................

## DEIN FAN-GETRÄNK DES TAGES

...

## WAS HAST DU ZUM SPIEL BEIGETRAGEN

- ○ Trikot getragen
- ○ vor dem Spiel eine Bockwurst gegessen
- ○ Schiedsrichter beleidigt
- ○ mitgesungen
- ○ etwas ganz anderes ...

## DEINE JUBEL-INTENSITÄT

- ○ Ausraster
- ○ Becker Faust
- ○ erleichterter Stoßseufzer

## WER HAT MITGEGUCKT?

...

- ○ soll demnächst zuhause bleiben
- ○ darf wieder mitschauen

## FAN-EMPFINDUNGEN

Beschreibe deine Fan-Empfindungen während und nach dem Spiel

...

...

## JES (Jubelerinnerungsstück)

Foto vom Bildschirm/Stadionblick/Jubel-Selfie/Bieretikett/
Screenshot vom Tabellenstand (Aufstiegsplatz!!!)

43

# 20. SPIEL

Datum .....................

### SPIEL

..................... : .....................

## SPIELERGEBNIS

[ ............ ] : [ ............ ]

## WO HAST DU DAS SPIEL GESEHEN

o TV    o Stadion    o Kneipe    o ...........................................

## SPIELWETTER

o Sonne ☀    o Regen ☂    o Schneeschauer ❄    o kann mich nicht erinnern, ich war zu aufgeregt

## MAN OF THE MATCH

..........................................................................................

Das war für mich der Man of the Match / Spieler des Spiels

## WIE WAR DER SCHIRI?

o geht so    o Schieber    o Vollpfosten    o ...........................................

## BESONDERHEITEN DES SPIELS

o rote Karte    o gehaltener Elfer    o Hattrick    o Spiel gedreht    o hoch gewonnen

o ...........................................

## DEIN FAN-GESANG / DER FAN-SPRUCH DES TAGES

..........................................................................................

..........................................................................................

..........................................................................................

## DEIN FAN-GETRÄNK DES TAGES

..........

## WAS HAST DU ZUM SPIEL BEIGETRAGEN

o Trikot getragen        o vor dem Spiel eine Bockwurst gegessen        o Schiedsrichter beleidigt

o mitgesungen            o etwas ganz anderes ..................................................................

## DEINE JUBEL-INTENSITÄT

o Ausraster        o Becker Faust        o erleichterter Stoßseufzer

## WER HAT MITGEGUCKT?

..........

o soll demnächst zuhause bleiben        o darf wieder mitschauen

## FAN-EMPFINDUNGEN

Beschreibe deine Fan-Empfindungen während und nach dem Spiel

..................................................................

..................................................................

## JES (Jubelerinnerungsstück)

Foto vom Bildschirm/Stadionblick/Jubel-Selfie/Bieretikett/
Screenshot vom Tabellenstand (Aufstiegsplatz!!!)

# 21. SPIEL

Datum

## SPIEL

...... : ......

## SPIELERGEBNIS

☐ : ☐

## WO HAST DU DAS SPIEL GESEHEN

o TV     o Stadion     o Kneipe     o ...........

## SPIELWETTER

o Sonne      o Regen     o Schneeschauer     o kann mich nicht erinnern, ich war zu aufgeregt

## MAN OF THE MATCH

...........

Das war für mich der Man of the Match / Spieler des Spiels

## WIE WAR DER SCHIRI?

o geht so     o Schieber     o Vollpfosten     o ...........

## BESONDERHEITEN DES SPIELS

o rote Karte     o gehaltener Elfer     o Hattrick     o Spiel gedreht     o hoch gewonnen

o ...........

## DEIN FAN-GESANG / DER FAN-SPRUCH DES TAGES

...........
...........
...........

46

## DEIN FAN-GETRÄNK DES TAGES

..........................................................................................................................................................................

## WAS HAST DU ZUM SPIEL BEIGETRAGEN

- o Trikot getragen
- o vor dem Spiel eine Bockwurst gegessen
- o Schiedsrichter beleidigt
- o mitgesungen
- o etwas ganz anderes ..........................................................................................

## DEINE JUBEL-INTENSITÄT

- o Ausraster
- o Becker Faust
- o erleichterter Stoßseufzer

## WER HAT MITGEGUCKT?

- o soll demnächst zuhause bleiben
- o darf wieder mitschauen

## FAN-EMPFINDUNGEN

Beschreibe deine Fan-Empfindungen während und nach dem Spiel

..........................................................................................................................................................................

..........................................................................................................................................................................

## JES (Jubelerinnerungsstück)

Foto vom Bildschirm/Stadionblick/Jubel-Selfie/Bieretikett/
Screenshot vom Tabellenstand (Aufstiegsplatz!!!)

# 22. SPIEL

Datum ..................................

### SPIEL

.......................... : ..........................

## SPIELERGEBNIS

[ .......... ] : [ .......... ]

## WO HAST DU DAS SPIEL GESEHEN

o TV   o Stadion   o Kneipe   o ..................................

## SPIELWETTER

o Sonne   o Regen   o Schneeschauer   o kann mich nicht erinnern, ich war zu aufgeregt

## MAN OF THE MATCH

..................................................................................................

Das war für mich der Man of the Match / Spieler des Spiels

## WIE WAR DER SCHIRI?

o geht so   o Schieber   o Vollpfosten   o ..................................

## BESONDERHEITEN DES SPIELS

o rote Karte   o gehaltener Elfer   o Hattrick   o Spiel gedreht   o hoch gewonnen

o ..................................

## DEIN FAN-GESANG / DER FAN-SPRUCH DES TAGES

..................................................................................................
..................................................................................................
..................................................................................................

### DEIN FAN-GETRÄNK DES TAGES

### WAS HAST DU ZUM SPIEL BEIGETRAGEN

○ Trikot getragen   ○ vor dem Spiel eine Bockwurst gegessen   ○ Schiedsrichter beleidigt

○ mitgesungen   ○ etwas ganz anderes

### DEINE JUBEL-INTENSITÄT

○ Ausraster   ○ Becker Faust   ○ erleichterter Stoßseufzer

### WER HAT MITGEGUCKT?

○ soll demnächst zuhause bleiben   ○ darf wieder mitschauen

### FAN-EMPFINDUNGEN

Beschreibe deine Fan-Empfindungen während und nach dem Spiel

### JES (Jubelerinnerungsstück)

Foto vom Bildschirm/Stadionblick/Jubel-Selfie/Bieretikett/
Screenshot vom Tabellenstand (Aufstiegsplatz!!!)

# 23. SPIEL

Datum

## SPIEL

:

### SPIELERGEBNIS

☐ : ☐

### WO HAST DU DAS SPIEL GESEHEN

o TV    o Stadion    o Kneipe    o ................

### SPIELWETTER

o Sonne ☀    o Regen 💧    o Schneeschauer ❄    o kann mich nicht erinnern, ich war zu aufgeregt

### MAN OF THE MATCH

..................................................................................

Das war für mich der Man of the Match / Spieler des Spiels

### WIE WAR DER SCHIRI?

o geht so    o Schieber    o Vollpfosten    o ................

### BESONDERHEITEN DES SPIELS

o rote Karte    o gehaltener Elfer    o Hattrick    o Spiel gedreht    o hoch gewonnen

o ................

### DEIN FAN-GESANG / DER FAN-SPRUCH DES TAGES

..................................................................................
..................................................................................
..................................................................................

## DEIN FAN-GETRÄNK DES TAGES

...........................................................................................................................................................................

## WAS HAST DU ZUM SPIEL BEIGETRAGEN

o Trikot getragen  o vor dem Spiel eine Bockwurst gegessen  o Schiedsrichter beleidigt

o mitgesungen  o etwas ganz anderes ..............................................................................................................

## DEINE JUBEL-INTENSITÄT

o Ausraster  o Becker Faust  o erleichterter Stoßseufzer

## WER HAT MITGEGUCKT?

...........................................................................................................................................................................

o soll demnächst zuhause bleiben  o darf wieder mitschauen

## FAN-EMPFINDUNGEN

Beschreibe deine Fan-Empfindungen während und nach dem Spiel

...........................................................................................................................................................................

...........................................................................................................................................................................

...........................................................................................................................................................................

## JES (Jubelerinnerungsstück)

Foto vom Bildschirm/Stadionblick/Jubel-Selfie/Bieretikett/
Screenshot vom Tabellenstand (Aufstiegsplatz!!!)

# 24. SPIEL

Datum ................................

> SPIEL <

............... : ...............

## SPIELERGEBNIS

[ ............ ] : [ ............ ]

## WO HAST DU DAS SPIEL GESEHEN

o TV    o Stadion    o Kneipe    o ..................................................

## SPIELWETTER

o Sonne     o Regen    o Schneeschauer    o kann mich nicht erinnern, ich war zu aufgeregt

## MAN OF THE MATCH

..................................................................................................

Das war für mich der Man of the Match / Spieler des Spiels

## WIE WAR DER SCHIRI?

o geht so    o Schieber    o Vollpfosten    o ..................................................

## BESONDERHEITEN DES SPIELS

o rote Karte    o gehaltener Elfer    o Hattrick    o Spiel gedreht    o hoch gewonnen

o ..................................................

## DEIN FAN-GESANG / DER FAN-SPRUCH DES TAGES

..................................................................................................
..................................................................................................
..................................................................................................

## DEIN FAN-GETRÄNK DES TAGES

..............................................................................................................................................................................

## WAS HAST DU ZUM SPIEL BEIGETRAGEN

- o Trikot getragen
- o mitgesungen
- o vor dem Spiel eine Bockwurst gegessen
- o etwas ganz anderes ..............................................................................
- o Schiedsrichter beleidigt

## DEINE JUBEL-INTENSITÄT

- o Ausraster
- o Becker Faust
- o erleichterter Stoßseufzer

## WER HAT MITGEGUCKT?

..............................................................................................................................................................................

- o soll demnächst zuhause bleiben
- o darf wieder mitschauen

## FAN-EMPFINDUNGEN
Beschreibe deine Fan-Empfindungen während und nach dem Spiel

..............................................................................................................................................................................
..............................................................................................................................................................................
..............................................................................................................................................................................

## JES (Jubelerinnerungsstück)
Foto vom Bildschirm/Stadionblick/Jubel-Selfie/Bieretikett/
Screenshot vom Tabellenstand (Aufstiegsplatz!!!)

# 25. SPIEL

Datum ..................................

## SPIEL

..................... : .....................

### SPIELERGEBNIS

[ .......... ] : [ .......... ]

### WO HAST DU DAS SPIEL GESEHEN

○ TV    ○ Stadion    ○ Kneipe    ○ ..................................

### SPIELWETTER

○ Sonne ☀    ○ Regen ☂    ○ Schneeschauer ❄    ○ kann mich nicht erinnern, ich war zu aufgeregt

### MAN OF THE MATCH

..................................................................................

Das war für mich der Man of the Match / Spieler des Spiels

### WIE WAR DER SCHIRI?

○ geht so    ○ Schieber    ○ Vollpfosten    ○ ..................................

### BESONDERHEITEN DES SPIELS

○ rote Karte    ○ gehaltener Elfer    ○ Hattrick    ○ Spiel gedreht    ○ hoch gewonnen

○ ..................................

### DEIN FAN-GESANG / DER FAN-SPRUCH DES TAGES

..................................................................................
..................................................................................
..................................................................................

## DEIN FAN-GETRÄNK DES TAGES

## WAS HAST DU ZUM SPIEL BEIGETRAGEN

o Trikot getragen          o vor dem Spiel eine Bockwurst gegessen          o Schiedsrichter beleidigt

o mitgesungen              o etwas ganz anderes

## DEINE JUBEL-INTENSITÄT

o Ausraster          o Becker Faust          o erleichterter Stoßseufzer

## WER HAT MITGEGUCKT?

o soll demnächst zuhause bleiben          o darf wieder mitschauen

## FAN-EMPFINDUNGEN

Beschreibe deine Fan-Empfindungen während und nach dem Spiel

## JES (Jubelerinnerungsstück)

Foto vom Bildschirm/Stadionblick/Jubel-Selfie/Bieretikett/
Screenshot vom Tabellenstand (Aufstiegsplatz!!!)

# 26. SPIEL

Datum ..........................................

> SPIEL <

........................... : ...........................

## SPIELERGEBNIS

## WO HAST DU DAS SPIEL GESEHEN

○ TV   ○ Stadion   ○ Kneipe   ○ ..........................................

## SPIELWETTER

○ Sonne ☀   ○ Regen 💧   ○ Schneeschauer ❄   ○ kann mich nicht erinnern, ich war zu aufgeregt

## MAN OF THE MATCH

..........................................................................................

Das war für mich der Man of the Match / Spieler des Spiels

## WIE WAR DER SCHIRI?

○ geht so   ○ Schieber   ○ Vollpfosten   ○ ..........................................

## BESONDERHEITEN DES SPIELS

○ rote Karte   ○ gehaltener Elfer   ○ Hattrick   ○ Spiel gedreht   ○ hoch gewonnen

○ ..........................................

## DEIN FAN-GESANG / DER FAN-SPRUCH DES TAGES

..........................................................................................
..........................................................................................
..........................................................................................

## DEIN FAN-GETRÄNK DES TAGES

..................................................................................................................................................

## WAS HAST DU ZUM SPIEL BEIGETRAGEN

o Trikot getragen   o vor dem Spiel eine Bockwurst gegessen   o Schiedsrichter beleidigt

o mitgesungen   o etwas ganz anderes ..............................................................................

## DEINE JUBEL-INTENSITÄT

o Ausraster   o Becker Faust   o erleichterter Stoßseufzer

## WER HAT MITGEGUCKT?

o soll demnächst zuhause bleiben   o darf wieder mitschauen

## FAN-EMPFINDUNGEN

Beschreibe deine Fan-Empfindungen während und nach dem Spiel

..................................................................................................................................................

..................................................................................................................................................

..................................................................................................................................................

## JES (Jubelerinnerungsstück)

Foto vom Bildschirm/Stadionblick/Jubel-Selfie/Bieretikett/
Screenshot vom Tabellenstand (Aufstiegsplatz!!!)

# 27. SPIEL

Datum .................................

>> SPIEL <<

.................................... : ....................................

## SPIELERGEBNIS

........... : ...........

## WO HAST DU DAS SPIEL GESEHEN

○ TV   ○ Stadion   ○ Kneipe   ○ ................................................

## SPIELWETTER

○ Sonne ☀   ○ Regen ☂   ○ Schneeschauer ❄   ○ kann mich nicht erinnern, ich war zu aufgeregt

## MAN OF THE MATCH

..................................................................................................

Das war für mich der Man of the Match / Spieler des Spiels

## WIE WAR DER SCHIRI?

○ geht so   ○ Schieber   ○ Vollpfosten   ○ ................................................

## BESONDERHEITEN DES SPIELS

○ rote Karte   ○ gehaltener Elfer   ○ Hattrick   ○ Spiel gedreht   ○ hoch gewonnen

○ ................................................

## DEIN FAN-GESANG / DER FAN-SPRUCH DES TAGES

..................................................................................................
..................................................................................................
..................................................................................................

## DEIN FAN-GETRÄNK DES TAGES

..................................................................................................................................................................................

## WAS HAST DU ZUM SPIEL BEIGETRAGEN

- ○ Trikot getragen
- ○ vor dem Spiel eine Bockwurst gegessen
- ○ Schiedsrichter beleidigt
- ○ mitgesungen
- ○ etwas ganz anderes ......................................................................................................

## DEINE JUBEL-INTENSITÄT

- ○ Ausraster
- ○ Becker Faust
- ○ erleichterter Stoßseufzer

## WER HAT MITGEGUCKT?

- ○ soll demnächst zuhause bleiben
- ○ darf wieder mitschauen

## FAN-EMPFINDUNGEN

Beschreibe deine Fan-Empfindungen während und nach dem Spiel

..................................................................................................................................................................................

..................................................................................................................................................................................

..................................................................................................................................................................................

## JES (Jubelerinnerungsstück)

Foto vom Bildschirm/Stadionblick/Jubel-Selfie/Bieretikett/
Screenshot vom Tabellenstand (Aufstiegsplatz!!!)

# 28. SPIEL

Datum

> SPIEL

:

## SPIELERGEBNIS

:

## WO HAST DU DAS SPIEL GESEHEN

○ TV   ○ Stadion   ○ Kneipe   ○ ........

## SPIELWETTER

○ Sonne   ○ Regen   ○ Schneeschauer   ○ kann mich nicht erinnern, ich war zu aufgeregt

## MAN OF THE MATCH

Das war für mich der Man of the Match / Spieler des Spiels

## WIE WAR DER SCHIRI?

○ geht so   ○ Schieber   ○ Vollpfosten   ○ ........

## BESONDERHEITEN DES SPIELS

○ rote Karte   ○ gehaltener Elfer   ○ Hattrick   ○ Spiel gedreht   ○ hoch gewonnen

○ ........

## DEIN FAN-GESANG / DER FAN-SPRUCH DES TAGES

## DEIN FAN-GETRÄNK DES TAGES

## WAS HAST DU ZUM SPIEL BEIGETRAGEN

- ○ Trikot getragen
- ○ vor dem Spiel eine Bockwurst gegessen
- ○ Schiedsrichter beleidigt
- ○ mitgesungen
- ○ etwas ganz anderes

## DEINE JUBEL-INTENSITÄT

- ○ Ausraster
- ○ Becker Faust
- ○ erleichterter Stoßseufzer

## WER HAT MITGEGUCKT?

- ○ soll demnächst zuhause bleiben
- ○ darf wieder mitschauen

## FAN-EMPFINDUNGEN

Beschreibe deine Fan-Empfindungen während und nach dem Spiel

## JES (Jubelerinnerungsstück)

Foto vom Bildschirm/Stadionblick/Jubel-Selfie/Bieretikett/
Screenshot vom Tabellenstand (Aufstiegsplatz!!!)

# 29. SPIEL

Datum ..................................

## SPIEL

........................  ........................

### SPIELERGEBNIS

[ .......... ] : [ .......... ]

### WO HAST DU DAS SPIEL GESEHEN

○ TV　○ Stadion　○ Kneipe　○ ....................................

### SPIELWETTER

○ Sonne　○ Regen　○ Schneeschauer　○ kann mich nicht erinnern, ich war zu aufgeregt

### MAN OF THE MATCH

....................................................................................................

Das war für mich der Man of the Match / Spieler des Spiels

### WIE WAR DER SCHIRI?

○ geht so　○ Schieber　○ Vollpfosten　○ ....................................

### BESONDERHEITEN DES SPIELS

○ rote Karte　○ gehaltener Elfer　○ Hattrick　○ Spiel gedreht　○ hoch gewonnen
○ ....................................

### DEIN FAN-GESANG / DER FAN-SPRUCH DES TAGES

....................................................................................................
....................................................................................................
....................................................................................................

62

## DEIN FAN-GETRÄNK DES TAGES

...........................................................................................................................................................................

## WAS HAST DU ZUM SPIEL BEIGETRAGEN

o Trikot getragen  o vor dem Spiel eine Bockwurst gegessen  o Schiedsrichter beleidigt

o mitgesungen  o etwas ganz anderes ............................................................................................

## DEINE JUBEL-INTENSITÄT

o Ausraster  o Becker Faust  o erleichterter Stoßseufzer

## WER HAT MITGEGUCKT?

...........................................................................................................................................................................

o soll demnächst zuhause bleiben  o darf wieder mitschauen

## FAN-EMPFINDUNGEN

Beschreibe deine Fan-Empfindungen während und nach dem Spiel

...........................................................................................................................................................................
...........................................................................................................................................................................

...........................................................................................................................................................................

## JES (Jubelerinnerungsstück)

Foto vom Bildschirm/Stadionblick/Jubel-Selfie/Bieretikett/
Screenshot vom Tabellenstand (Aufstiegsplatz!!!)

# 30. SPIEL

Datum: ..........................

### SPIEL

.................... : ....................

### SPIELERGEBNIS

[ .......... ] : [ .......... ]

### WO HAST DU DAS SPIEL GESEHEN

○ TV   ○ Stadion   ○ Kneipe   ○ ..........................................

### SPIELWETTER

○ Sonne   ○ Regen   ○ Schneeschauer   ○ kann mich nicht erinnern, ich war zu aufgeregt

### MAN OF THE MATCH

..........................................................................................

Das war für mich der Man of the Match / Spieler des Spiels

### WIE WAR DER SCHIRI?

○ geht so   ○ Schieber   ○ Vollpfosten   ○ ..........................................

### BESONDERHEITEN DES SPIELS

○ rote Karte   ○ gehaltener Elfer   ○ Hattrick   ○ Spiel gedreht   ○ hoch gewonnen

○ ..........................................

### DEIN FAN-GESANG / DER FAN-SPRUCH DES TAGES

..........................................................................................
..........................................................................................
..........................................................................................

## DEIN FAN-GETRÄNK DES TAGES

## WAS HAST DU ZUM SPIEL BEIGETRAGEN

o Trikot getragen     o vor dem Spiel eine Bockwurst gegessen     o Schiedsrichter beleidigt

o mitgesungen         o etwas ganz anderes

## DEINE JUBEL-INTENSITÄT

o Ausraster     o Becker Faust     o erleichterter Stoßseufzer

## WER HAT MITGEGUCKT?

o soll demnächst zuhause bleiben     o darf wieder mitschauen

## FAN-EMPFINDUNGEN

Beschreibe deine Fan-Empfindungen während und nach dem Spiel

## JES (Jubelerinnerungsstück)

Foto vom Bildschirm/Stadionblick/Jubel-Selfie/Bieretikett/
Screenshot vom Tabellenstand (Aufstiegsplatz!!!)

# 31. SPIEL

Datum ........................

### SPIEL

........... : ...........

### SPIELERGEBNIS

[ ....... ] : [ ....... ]

### WO HAST DU DAS SPIEL GESEHEN

○ TV   ○ Stadion   ○ Kneipe   ○ ........................

### SPIELWETTER

○ Sonne ☀   ○ Regen 💧   ○ Schneeschauer ❄   ○ kann mich nicht erinnern, ich war zu aufgeregt

### MAN OF THE MATCH

........................

Das war für mich der Man of the Match / Spieler des Spiels

### WIE WAR DER SCHIRI?

○ geht so   ○ Schieber   ○ Vollpfosten   ○ ........................

### BESONDERHEITEN DES SPIELS

○ rote Karte   ○ gehaltener Elfer   ○ Hattrick   ○ Spiel gedreht   ○ hoch gewonnen

○ ........................

### DEIN FAN-GESANG / DER FAN-SPRUCH DES TAGES

........................
........................
........................

## DEIN FAN-GETRÄNK DES TAGES

..........................................................................................................................................................................

## WAS HAST DU ZUM SPIEL BEIGETRAGEN

o Trikot getragen     o vor dem Spiel eine Bockwurst gegessen     o Schiedsrichter beleidigt

o mitgesungen     o etwas ganz anderes .........................................................................................................

## DEINE JUBEL-INTENSITÄT

o Ausraster     o Becker Faust     o erleichterter Stoßseufzer

## WER HAT MITGEGUCKT?

..........................................................................................................................................................................

o soll demnächst zuhause bleiben     o darf wieder mitschauen

## FAN-EMPFINDUNGEN

Beschreibe deine Fan-Empfindungen während und nach dem Spiel

..........................................................................................................................................................................

..........................................................................................................................................................................

..........................................................................................................................................................................

## JES (Jubelerinnerungsstück)

Foto vom Bildschirm/Stadionblick/Jubel-Selfie/Bieretikett/
Screenshot vom Tabellenstand (Aufstiegsplatz!!!)

# 32. SPIEL

Datum ....................................

> **SPIEL**

............................... : ...............................

## SPIELERGEBNIS

[ .................. ] : [ .................. ]

## WO HAST DU DAS SPIEL GESEHEN

o TV   o Stadion   o Kneipe   o ........................................................

## SPIELWETTER

o Sonne   o Regen   o Schneeschauer   o kann mich nicht erinnern, ich war zu aufgeregt

## MAN OF THE MATCH

....................................................................................................

Das war für mich der Man of the Match / Spieler des Spiels

## WIE WAR DER SCHIRI?

o geht so   o Schieber   o Vollpfosten   o ........................................................

## BESONDERHEITEN DES SPIELS

o rote Karte   o gehaltener Elfer   o Hattrick   o Spiel gedreht   o hoch gewonnen

o ........................................................

## DEIN FAN-GESANG / DER FAN-SPRUCH DES TAGES

....................................................................................................

....................................................................................................

....................................................................................................

## DEIN FAN-GETRÄNK DES TAGES

...........

## WAS HAST DU ZUM SPIEL BEIGETRAGEN

o Trikot getragen         o vor dem Spiel eine Bockwurst gegessen         o Schiedsrichter beleidigt

o mitgesungen         o etwas ganz anderes ........................................

## DEINE JUBEL-INTENSITÄT

o Ausraster         o Becker Faust         o erleichterter Stoßseufzer

## WER HAT MITGEGUCKT?

...........

o soll demnächst zuhause bleiben         o darf wieder mitschauen

## FAN-EMPFINDUNGEN

Beschreibe deine Fan-Empfindungen während und nach dem Spiel

...........

...........

## JES (Jubelerinnerungsstück)

Foto vom Bildschirm/Stadionblick/Jubel-Selfie/Bieretikett/
Screenshot vom Tabellenstand (Aufstiegsplatz!!!)

69

# 33. SPIEL

Datum ..................................................

### SPIEL

..................................... : .....................................

## SPIELERGEBNIS

[   ] : [   ]

## WO HAST DU DAS SPIEL GESEHEN

○ TV   ○ Stadion   ○ Kneipe   ○ ..................................................

## SPIELWETTER

○ Sonne   ○ Regen   ○ Schneeschauer   ○ kann mich nicht erinnern, ich war zu aufgeregt

## MAN OF THE MATCH

..................................................................................................

Das war für mich der Man of the Match / Spieler des Spiels

## WIE WAR DER SCHIRI?

○ geht so   ○ Schieber   ○ Vollpfosten   ○ ..................................................

## BESONDERHEITEN DES SPIELS

○ rote Karte   ○ gehaltener Elfer   ○ Hattrick   ○ Spiel gedreht   ○ hoch gewonnen

○ ..................................................

## DEIN FAN-GESANG / DER FAN-SPRUCH DES TAGES

..................................................................................................
..................................................................................................
..................................................................................................

## DEIN FAN-GETRÄNK DES TAGES

..................................................................................................................................................

## WAS HAST DU ZUM SPIEL BEIGETRAGEN

- o Trikot getragen
- o mitgesungen
- o vor dem Spiel eine Bockwurst gegessen
- o etwas ganz anderes ..................................................................................
- o Schiedsrichter beleidigt

## DEINE JUBEL-INTENSITÄT

- o Ausraster
- o Becker Faust
- o erleichterter Stoßseufzer

## WER HAT MITGEGUCKT?

..................................................................................................................................................

- o soll demnächst zuhause bleiben
- o darf wieder mitschauen

## FAN-EMPFINDUNGEN

Beschreibe deine Fan-Empfindungen während und nach dem Spiel

..................................................................................................................................................
..................................................................................................................................................
..................................................................................................................................................

## JES (Jubelerinnerungsstück)

Foto vom Bildschirm/Stadionblick/Jubel-Selfie/Bieretikett/
Screenshot vom Tabellenstand (Aufstiegsplatz!!!)

71

# 34. SPIEL

Datum .................

## SPIEL

........................ : ........................

### SPIELERGEBNIS

[ ............ ] : [ ............ ]

### WO HAST DU DAS SPIEL GESEHEN

○ TV    ○ Stadion    ○ Kneipe    ○ ........................

### SPIELWETTER

○ Sonne ☀    ○ Regen ☂    ○ Schneeschauer ❄    ○ kann mich nicht erinnern, ich war zu aufgeregt

### MAN OF THE MATCH

........................................................................

Das war für mich der Man of the Match / Spieler des Spiels

### WIE WAR DER SCHIRI?

○ geht so    ○ Schieber    ○ Vollpfosten    ○ ........................

### BESONDERHEITEN DES SPIELS

○ rote Karte    ○ gehaltener Elfer    ○ Hattrick    ○ Spiel gedreht    ○ hoch gewonnen

○ ........................

### DEIN FAN-GESANG / DER FAN-SPRUCH DES TAGES

........................................................................
........................................................................
........................................................................

## DEIN FAN-GETRÄNK DES TAGES

..........

## WAS HAST DU ZUM SPIEL BEIGETRAGEN

o Trikot getragen  o vor dem Spiel eine Bockwurst gegessen  o Schiedsrichter beleidigt

o mitgesungen  o etwas ganz anderes ..........

## DEINE JUBEL-INTENSITÄT

o Ausraster  o Becker Faust  o erleichterter Stoßseufzer

## WER HAT MITGEGUCKT?

..........

o soll demnächst zuhause bleiben  o darf wieder mitschauen

## FAN-EMPFINDUNGEN

Beschreibe deine Fan-Empfindungen während und nach dem Spiel

..........

..........

..........

## JES (Jubelerinnerungsstück)

Foto vom Bildschirm/Stadionblick/Jubel-Selfie/Bieretikett/
Screenshot vom Tabellenstand (Aufstiegsplatz!!!)

# 35. SPIEL

Datum ..................................

## SPIEL

........................ : ........................

### SPIELERGEBNIS

.......... : ..........

### WO HAST DU DAS SPIEL GESEHEN

o TV    o Stadion    o Kneipe    o ..................................

### SPIELWETTER

o Sonne    o Regen    o Schneeschauer    o kann mich nicht erinnern, ich war zu aufgeregt

### MAN OF THE MATCH

..................................

Das war für mich der Man of the Match / Spieler des Spiels

### WIE WAR DER SCHIRI?

o geht so    o Schieber    o Vollpfosten    o ..................................

### BESONDERHEITEN DES SPIELS

o rote Karte    o gehaltener Elfer    o Hattrick    o Spiel gedreht    o hoch gewonnen

o ..................................

### DEIN FAN-GESANG / DER FAN-SPRUCH DES TAGES

..................................
..................................
..................................

## DEIN FAN-GETRÄNK DES TAGES

..................................................................................................................................................................

## WAS HAST DU ZUM SPIEL BEIGETRAGEN

- ○ Trikot getragen
- ○ vor dem Spiel eine Bockwurst gegessen
- ○ Schiedsrichter beleidigt
- ○ mitgesungen
- ○ etwas ganz anderes .......................................................................................................

## DEINE JUBEL-INTENSITÄT

- ○ Ausraster
- ○ Becker Faust
- ○ erleichterter Stoßseufzer

## WER HAT MITGEGUCKT?

..................................................................................................................................................................
- ○ soll demnächst zuhause bleiben
- ○ darf wieder mitschauen

## FAN-EMPFINDUNGEN
Beschreibe deine Fan-Empfindungen während und nach dem Spiel

..................................................................................................................................................................
..................................................................................................................................................................
..................................................................................................................................................................

## JES (Jubelerinnerungsstück)
Foto vom Bildschirm/Stadionblick/Jubel-Selfie/Bieretikett/
Screenshot vom Tabellenstand (Aufstiegsplatz!!!)

# 36. SPIEL

Datum: ....................

........................ : ........................

## SPIELERGEBNIS

............ : ............

## WO HAST DU DAS SPIEL GESEHEN

○ TV  ○ Stadion  ○ Kneipe  ○ ........................

## SPIELWETTER

○ Sonne  ○ Regen  ○ Schneeschauer  ○ kann mich nicht erinnern, ich war zu aufgeregt

## MAN OF THE MATCH

........................

Das war für mich der Man of the Match / Spieler des Spiels

## WIE WAR DER SCHIRI?

○ geht so  ○ Schieber  ○ Vollpfosten  ○ ........................

## BESONDERHEITEN DES SPIELS

○ rote Karte   ○ gehaltener Elfer   ○ Hattrick   ○ Spiel gedreht   ○ hoch gewonnen
○ ........................

## DEIN FAN-GESANG / DER FAN-SPRUCH DES TAGES

........................
........................
........................

### DEIN FAN-GETRÄNK DES TAGES

...

### WAS HAST DU ZUM SPIEL BEIGETRAGEN

- o Trikot getragen
- o vor dem Spiel eine Bockwurst gegessen
- o Schiedsrichter beleidigt
- o mitgesungen
- o etwas ganz anderes ...

### DEINE JUBEL-INTENSITÄT

- o Ausraster
- o Becker Faust
- o erleichterter Stoßseufzer

### WER HAT MITGEGUCKT?

- o soll demnächst zuhause bleiben
- o darf wieder mitschauen

### FAN-EMPFINDUNGEN

Beschreibe deine Fan-Empfindungen während und nach dem Spiel

...
...
...

### JES (Jubelerinnerungsstück)

Foto vom Bildschirm/Stadionblick/Jubel-Selfie/Bieretikett/
Screenshot vom Tabellenstand (Aufstiegsplatz!!!)

# 37. SPIEL

Datum ..........................

## SPIEL

: ..........................

### SPIELERGEBNIS

[    ] : [    ]

### WO HAST DU DAS SPIEL GESEHEN

o TV   o Stadion   o Kneipe   o ..........................

### SPIELWETTER

o Sonne   o Regen   o Schneeschauer   o kann mich nicht erinnern, ich war zu aufgeregt

### MAN OF THE MATCH

..........................

Das war für mich der Man of the Match / Spieler des Spiels

### WIE WAR DER SCHIRI?

o geht so   o Schieber   o Vollpfosten   o ..........................

### BESONDERHEITEN DES SPIELS

o rote Karte   o gehaltener Elfer   o Hattrick   o Spiel gedreht   o hoch gewonnen
o ..........................

### DEIN FAN-GESANG / DER FAN-SPRUCH DES TAGES

..........................
..........................
..........................

## DEIN FAN-GETRÄNK DES TAGES

..........................................................................................................................................................

## WAS HAST DU ZUM SPIEL BEIGETRAGEN

- o Trikot getragen
- o mitgesungen
- o vor dem Spiel eine Bockwurst gegessen
- o etwas ganz anderes ..........................................................................................................
- o Schiedsrichter beleidigt

## DEINE JUBEL-INTENSITÄT

- o Ausraster
- o Becker Faust
- o erleichterter Stoßseufzer

## WER HAT MITGEGUCKT?

..........................................................................................................................................................

- o soll demnächst zuhause bleiben
- o darf wieder mitschauen

## FAN-EMPFINDUNGEN
Beschreibe deine Fan-Empfindungen während und nach dem Spiel

..........................................................................................................................................................

..........................................................................................................................................................

## JES (Jubelerinnerungsstück)
Foto vom Bildschirm/Stadionblick/Jubel-Selfie/Bieretikett/
Screenshot vom Tabellenstand (Aufstiegsplatz!!!)

79

# 38. SPIEL

Datum

## SPIEL

: 

### SPIELERGEBNIS

[ ] : [ ]

### WO HAST DU DAS SPIEL GESEHEN

o TV    o Stadion    o Kneipe    o ...........

### SPIELWETTER

o Sonne    o Regen    o Schneeschauer    o kann mich nicht erinnern, ich war zu aufgeregt

### MAN OF THE MATCH

...........................................................

Das war für mich der Man of the Match / Spieler des Spiels

### WIE WAR DER SCHIRI?

o geht so    o Schieber    o Vollpfosten    o ...........

### BESONDERHEITEN DES SPIELS

o rote Karte    o gehaltener Elfer    o Hattrick    o Spiel gedreht    o hoch gewonnen
o ...........

### DEIN FAN-GESANG / DER FAN-SPRUCH DES TAGES

## DEIN FAN-GETRÄNK DES TAGES

...........................................................................................................................................................................

## WAS HAST DU ZUM SPIEL BEIGETRAGEN

o Trikot getragen  o vor dem Spiel eine Bockwurst gegessen  o Schiedsrichter beleidigt

o mitgesungen  o etwas ganz anderes ........................................................................................................

## DEINE JUBEL-INTENSITÄT

o Ausraster  o Becker Faust  o erleichterter Stoßseufzer

## WER HAT MITGEGUCKT?

...........................................................................................................................................................................

o soll demnächst zuhause bleiben  o darf wieder mitschauen

## FAN-EMPFINDUNGEN

Beschreibe deine Fan-Empfindungen während und nach dem Spiel

...........................................................................................................................................................................

...........................................................................................................................................................................

...........................................................................................................................................................................

## JES (Jubelerinnerungsstück)

Foto vom Bildschirm/Stadionblick/Jubel-Selfie/Bieretikett/
Screenshot vom Tabellenstand (Aufstiegsplatz!!!)

# 39. SPIEL

Datum ...................

### SPIEL

................... : ...................

### SPIELERGEBNIS

................... : ...................

### WO HAST DU DAS SPIEL GESEHEN

o TV   o Stadion   o Kneipe   o ...................

### SPIELWETTER

o Sonne   o Regen   o Schneeschauer   o kann mich nicht erinnern, ich war zu aufgeregt

### MAN OF THE MATCH

...................

Das war für mich der Man of the Match / Spieler des Spiels

### WIE WAR DER SCHIRI?

o geht so   o Schieber   o Vollpfosten   o ...................

### BESONDERHEITEN DES SPIELS

o rote Karte   o gehaltener Elfer   o Hattrick   o Spiel gedreht   o hoch gewonnen

o ...................

### DEIN FAN-GESANG / DER FAN-SPRUCH DES TAGES

...................
...................
...................

## DEIN FAN-GETRÄNK DES TAGES

## WAS HAST DU ZUM SPIEL BEIGETRAGEN

o Trikot getragen      o vor dem Spiel eine Bockwurst gegessen      o Schiedsrichter beleidigt

o mitgesungen          o etwas ganz anderes

## DEINE JUBEL-INTENSITÄT

o Ausraster          o Becker Faust          o erleichterter Stoßseufzer

## WER HAT MITGEGUCKT?

o soll demnächst zuhause bleiben      o darf wieder mitschauen

## FAN-EMPFINDUNGEN

Beschreibe deine Fan-Empfindungen während und nach dem Spiel

## JES (Jubelerinnerungsstück)

Foto vom Bildschirm/Stadionblick/Jubel-Selfie/Bieretikett/
Screenshot vom Tabellenstand (Aufstiegsplatz!!!)

# 40. SPIEL

Datum: .................................

> SPIEL

........................................ : ........................................

## SPIELERGEBNIS

........... : ...........

### WO HAST DU DAS SPIEL GESEHEN

o TV    o Stadion    o Kneipe    o ..........................................

### SPIELWETTER

o Sonne ☀    o Regen 💧    o Schneeschauer ❄    o kann mich nicht erinnern, ich war zu aufgeregt

### MAN OF THE MATCH

..........................................................................................................................

Das war für mich der Man of the Match / Spieler des Spiels

### WIE WAR DER SCHIRI?

o geht so    o Schieber    o Vollpfosten    o ..........................................

### BESONDERHEITEN DES SPIELS

o rote Karte    o gehaltener Elfer    o Hattrick    o Spiel gedreht    o hoch gewonnen

o ..........................................

### DEIN FAN-GESANG / DER FAN-SPRUCH DES TAGES

..........................................................................................................................
..........................................................................................................................
..........................................................................................................................

## DEIN FAN-GETRÄNK DES TAGES

..........................................................................................................................................................................

## WAS HAST DU ZUM SPIEL BEIGETRAGEN

- o Trikot getragen
- o vor dem Spiel eine Bockwurst gegessen
- o Schiedsrichter beleidigt
- o mitgesungen
- o etwas ganz anderes ..........................................................................................

## DEINE JUBEL-INTENSITÄT

- o Ausraster
- o Becker Faust
- o erleichterter Stoßseufzer

## WER HAT MITGEGUCKT?

..........................................................................................................................................................................

- o soll demnächst zuhause bleiben
- o darf wieder mitschauen

## FAN-EMPFINDUNGEN

Beschreibe deine Fan-Empfindungen während und nach dem Spiel

..........................................................................................................................................................................
..........................................................................................................................................................................
..........................................................................................................................................................................

## JES (Jubelerinnerungsstück)

Foto vom Bildschirm/Stadionblick/Jubel-Selfie/Bieretikett/
Screenshot vom Tabellenstand (Aufstiegsplatz!!!)

# 41. SPIEL

Datum ................................

 SPIEL

........... : ...........

### SPIELERGEBNIS

[   ] : [   ]

### WO HAST DU DAS SPIEL GESEHEN

o TV    o Stadion    o Kneipe    o ................................

### SPIELWETTER

o Sonne    o Regen    o Schneeschauer    o kann mich nicht erinnern, ich war zu aufgeregt

### MAN OF THE MATCH

........................................................................................

Das war für mich der Man of the Match / Spieler des Spiels

### WIE WAR DER SCHIRI?

o geht so    o Schieber    o Vollpfosten    o ................................

### BESONDERHEITEN DES SPIELS

o rote Karte    o gehaltener Elfer    o Hattrick    o Spiel gedreht    o hoch gewonnen

o ................................

### DEIN FAN-GESANG / DER FAN-SPRUCH DES TAGES

........................................................................................
........................................................................................
........................................................................................

86

## DEIN FAN-GETRÄNK DES TAGES

## WAS HAST DU ZUM SPIEL BEIGETRAGEN

o Trikot getragen        o vor dem Spiel eine Bockwurst gegessen        o Schiedsrichter beleidigt

o mitgesungen            o etwas ganz anderes

## DEINE JUBEL-INTENSITÄT

o Ausraster        o Becker Faust        o erleichterter Stoßseufzer

## WER HAT MITGEGUCKT?

o soll demnächst zuhause bleiben        o darf wieder mitschauen

## FAN-EMPFINDUNGEN

Beschreibe deine Fan-Empfindungen während und nach dem Spiel

## JES (Jubelerinnerungsstück)

Foto vom Bildschirm/Stadionblick/Jubel-Selfie/Bieretikett/
Screenshot vom Tabellenstand (Aufstiegsplatz!!!)

# 42. SPIEL

Datum

## SPIEL

:

### SPIELERGEBNIS

☐ : ☐

### WO HAST DU DAS SPIEL GESEHEN

○ TV  ○ Stadion  ○ Kneipe  ○ ..................

### SPIELWETTER

○ Sonne ☀  ○ Regen 💧  ○ Schneeschauer ❄  ○ kann mich nicht erinnern, ich war zu aufgeregt

### MAN OF THE MATCH

Das war für mich der Man of the Match / Spieler des Spiels

### WIE WAR DER SCHIRI?

○ geht so  ○ Schieber  ○ Vollpfosten  ○ ..................

### BESONDERHEITEN DES SPIELS

○ rote Karte  ○ gehaltener Elfer  ○ Hattrick  ○ Spiel gedreht  ○ hoch gewonnen

○ ..................

### DEIN FAN-GESANG / DER FAN-SPRUCH DES TAGES

## DEIN FAN-GETRÄNK DES TAGES

..................................................................................................................................................

## WAS HAST DU ZUM SPIEL BEIGETRAGEN

- ○ Trikot getragen
- ○ vor dem Spiel eine Bockwurst gegessen
- ○ Schiedsrichter beleidigt
- ○ mitgesungen
- ○ etwas ganz anderes ...........................................................................................

## DEINE JUBEL-INTENSITÄT

- ○ Ausraster
- ○ Becker Faust
- ○ erleichterter Stoßseufzer

## WER HAT MITGEGUCKT?

- ○ soll demnächst zuhause bleiben
- ○ darf wieder mitschauen

## FAN-EMPFINDUNGEN

Beschreibe deine Fan-Empfindungen während und nach dem Spiel

..................................................................................................................................................

..................................................................................................................................................

..................................................................................................................................................

## JES (Jubelerinnerungsstück)

Foto vom Bildschirm/Stadionblick/Jubel-Selfie/Bieretikett/
Screenshot vom Tabellenstand (Aufstiegsplatz!!!)

# 43. SPIEL

Datum ..................................

........................... : ...........................

## SPIELERGEBNIS

[ .......... ] : [ .......... ]

## WO HAST DU DAS SPIEL GESEHEN

o TV    o Stadion    o Kneipe    o ..................................

## SPIELWETTER

o Sonne    o Regen    o Schneeschauer    o kann mich nicht erinnern, ich war zu aufgeregt

## MAN OF THE MATCH

..................................................................................

Das war für mich der Man of the Match / Spieler des Spiels

## WIE WAR DER SCHIRI?

o geht so    o Schieber    o Vollpfosten    o ..................................

## BESONDERHEITEN DES SPIELS

o rote Karte    o gehaltener Elfer    o Hattrick    o Spiel gedreht    o hoch gewonnen

o ..................................

## DEIN FAN-GESANG / DER FAN-SPRUCH DES TAGES

..................................................................................
..................................................................................
..................................................................................

## DEIN FAN-GETRÄNK DES TAGES

..................................................................................................................................................................

## WAS HAST DU ZUM SPIEL BEIGETRAGEN

- ○ Trikot getragen
- ○ vor dem Spiel eine Bockwurst gegessen
- ○ Schiedsrichter beleidigt
- ○ mitgesungen
- ○ etwas ganz anderes ..................................................................................

## DEINE JUBEL-INTENSITÄT

- ○ Ausraster
- ○ Becker Faust
- ○ erleichterter Stoßseufzer

## WER HAT MITGEGUCKT?

..................................................................................................................................................................
- ○ soll demnächst zuhause bleiben
- ○ darf wieder mitschauen

## FAN-EMPFINDUNGEN
Beschreibe deine Fan-Empfindungen während und nach dem Spiel

..................................................................................................................................................................
..................................................................................................................................................................
..................................................................................................................................................................

## JES (Jubelerinnerungsstück)
Foto vom Bildschirm/Stadionblick/Jubel-Selfie/Bieretikett/
Screenshot vom Tabellenstand (Aufstiegsplatz!!!)

# 44. SPIEL

Datum ............................................

> SPIEL <

.................... : ....................

## SPIELERGEBNIS

[ .......... ] : [ .......... ]

## WO HAST DU DAS SPIEL GESEHEN

○ TV    ○ Stadion    ○ Kneipe    ○ ............................

## SPIELWETTER

○ Sonne ☀    ○ Regen 💧    ○ Schneeschauer ❄    ○ kann mich nicht erinnern, ich war zu aufgeregt

## MAN OF THE MATCH

..................................................................................................

Das war für mich der Man of the Match / Spieler des Spiels

## WIE WAR DER SCHIRI?

○ geht so    ○ Schieber    ○ Vollpfosten    ○ ............................

## BESONDERHEITEN DES SPIELS

○ rote Karte    ○ gehaltener Elfer    ○ Hattrick    ○ Spiel gedreht    ○ hoch gewonnen

○ ............................

## DEIN FAN-GESANG / DER FAN-SPRUCH DES TAGES

..................................................................................................
..................................................................................................
..................................................................................................

## DEIN FAN-GETRÄNK DES TAGES

## WAS HAST DU ZUM SPIEL BEIGETRAGEN

o Trikot getragen  o vor dem Spiel eine Bockwurst gegessen  o Schiedsrichter beleidigt

o mitgesungen  o etwas ganz anderes

## DEINE JUBEL-INTENSITÄT

o Ausraster  o Becker Faust  o erleichterter Stoßseufzer

## WER HAT MITGEGUCKT?

o soll demnächst zuhause bleiben  o darf wieder mitschauen

## FAN-EMPFINDUNGEN

Beschreibe deine Fan-Empfindungen während und nach dem Spiel

## JES (Jubelerinnerungsstück)

Foto vom Bildschirm/Stadionblick/Jubel-Selfie/Bieretikett/
Screenshot vom Tabellenstand (Aufstiegsplatz!!!)

# 45. SPIEL

Datum ..........

## SPIEL

........................ : ........................

### SPIELERGEBNIS

.......... : ..........

### WO HAST DU DAS SPIEL GESEHEN

o TV    o Stadion    o Kneipe    o ..........................................

### SPIELWETTER

o Sonne    o Regen    o Schneeschauer    o kann mich nicht erinnern, ich war zu aufgeregt

### MAN OF THE MATCH

..................................................................................................

Das war für mich der Man of the Match / Spieler des Spiels

### WIE WAR DER SCHIRI?

o geht so    o Schieber    o Vollpfosten    o ..........................................

### BESONDERHEITEN DES SPIELS

o rote Karte    o gehaltener Elfer    o Hattrick    o Spiel gedreht    o hoch gewonnen
o ..........................................

### DEIN FAN-GESANG / DER FAN-SPRUCH DES TAGES

..................................................................................................
..................................................................................................
..................................................................................................

## DEIN FAN-GETRÄNK DES TAGES

..................................................................................................................................................................

## WAS HAST DU ZUM SPIEL BEIGETRAGEN

o Trikot getragen     o vor dem Spiel eine Bockwurst gegessen     o Schiedsrichter beleidigt

o mitgesungen     o etwas ganz anderes ................................................................................................

## DEINE JUBEL-INTENSITÄT

o Ausraster     o Becker Faust     o erleichterter Stoßseufzer

## WER HAT MITGEGUCKT?

.............. o soll demnächst zuhause bleiben     o darf wieder mitschauen ..............

## FAN-EMPFINDUNGEN
Beschreibe deine Fan-Empfindungen während und nach dem Spiel

..................................................................................................................................................................

..................................................................................................................................................................

..................................................................................................................................................................

## JES (Jubelerinnerungsstück)
Foto vom Bildschirm/Stadionblick/Jubel-Selfie/Bieretikett/
Screenshot vom Tabellenstand (Aufstiegsplatz!!!)

# 46. SPIEL

Datum: ...........................

### SPIEL

............................... : ...............................

### SPIELERGEBNIS

........... : ...........

### WO HAST DU DAS SPIEL GESEHEN

○ TV   ○ Stadion   ○ Kneipe   ○ ...........................

### SPIELWETTER

○ Sonne ☀   ○ Regen ☂   ○ Schneeschauer ❄   ○ kann mich nicht erinnern, ich war zu aufgeregt

### MAN OF THE MATCH

...........................................................................

Das war für mich der Man of the Match / Spieler des Spiels

### WIE WAR DER SCHIRI?

○ geht so   ○ Schieber   ○ Vollpfosten   ○ ...........................

### BESONDERHEITEN DES SPIELS

○ rote Karte   ○ gehaltener Elfer   ○ Hattrick   ○ Spiel gedreht   ○ hoch gewonnen
○ ...........................

### DEIN FAN-GESANG / DER FAN-SPRUCH DES TAGES

...........................................................................
...........................................................................
...........................................................................

## DEIN FAN-GETRÄNK DES TAGES

..........

## WAS HAST DU ZUM SPIEL BEIGETRAGEN

o Trikot getragen       o vor dem Spiel eine Bockwurst gegessen       o Schiedsrichter beleidigt

o mitgesungen       o etwas ganz anderes ........................................................................

## DEINE JUBEL-INTENSITÄT

o Ausraster       o Becker Faust       o erleichterter Stoßseufzer

## WER HAT MITGEGUCKT?

..........

o soll demnächst zuhause bleiben       o darf wieder mitschauen

## FAN-EMPFINDUNGEN

Beschreibe deine Fan-Empfindungen während und nach dem Spiel

..........

..........

..........

## JES (Jubelerinnerungsstück)

Foto vom Bildschirm/Stadionblick/Jubel-Selfie/Bieretikett/
Screenshot vom Tabellenstand (Aufstiegsplatz!!!)

# 47. SPIEL

Datum: ..............................

## SPIEL

........................... : ...........................

### SPIELERGEBNIS

[    ] : [    ]

### WO HAST DU DAS SPIEL GESEHEN

○ TV    ○ Stadion    ○ Kneipe    ○ ..............................

### SPIELWETTER

○ Sonne ☀    ○ Regen 💧    ○ Schneeschauer ❄    ○ kann mich nicht erinnern, ich war zu aufgeregt

### MAN OF THE MATCH

..............................................................................

Das war für mich der Man of the Match / Spieler des Spiels

### WIE WAR DER SCHIRI?

○ geht so    ○ Schieber    ○ Vollpfosten    ○ ..............................

### BESONDERHEITEN DES SPIELS

○ rote Karte    ○ gehaltener Elfer    ○ Hattrick    ○ Spiel gedreht    ○ hoch gewonnen

○ ..............................

### DEIN FAN-GESANG / DER FAN-SPRUCH DES TAGES

..............................................................................
..............................................................................

## DEIN FAN-GETRÄNK DES TAGES

..........................................................................................................................................................................

## WAS HAST DU ZUM SPIEL BEIGETRAGEN

o Trikot getragen    o vor dem Spiel eine Bockwurst gegessen    o Schiedsrichter beleidigt

o mitgesungen    o etwas ganz anderes ..................................................................................................

## DEINE JUBEL-INTENSITÄT

o Ausraster    o Becker Faust    o erleichterter Stoßseufzer

## WER HAT MITGEGUCKT?

..........................................................................................................................................................................

o soll demnächst zuhause bleiben    o darf wieder mitschauen

## FAN-EMPFINDUNGEN

Beschreibe deine Fan-Empfindungen während und nach dem Spiel

..........................................................................................................................................................................

..........................................................................................................................................................................

..........................................................................................................................................................................

## JES (Jubelerinnerungsstück)

Foto vom Bildschirm/Stadionblick/Jubel-Selfie/Bieretikett/
Screenshot vom Tabellenstand (Aufstiegsplatz!!!)

# 48. SPIEL

Datum .......................................

> SPIEL <

........................ : ........................

## SPIELERGEBNIS

........... : ...........

## WO HAST DU DAS SPIEL GESEHEN

o TV    o Stadion    o Kneipe    o ..........................................

## SPIELWETTER

o Sonne    o Regen    o Schneeschauer    o kann mich nicht erinnern, ich war zu aufgeregt

## MAN OF THE MATCH

..........................................................................................

Das war für mich der Man of the Match / Spieler des Spiels

## WIE WAR DER SCHIRI?

o geht so    o Schieber    o Vollpfosten    o ..........................................

## BESONDERHEITEN DES SPIELS

o rote Karte    o gehaltener Elfer    o Hattrick    o Spiel gedreht    o hoch gewonnen

o ..........................................

## DEIN FAN-GESANG / DER FAN-SPRUCH DES TAGES

..........................................................................................
..........................................................................................
..........................................................................................

## DEIN FAN-GETRÄNK DES TAGES

..........................................................................................................................................................

## WAS HAST DU ZUM SPIEL BEIGETRAGEN

o Trikot getragen     o vor dem Spiel eine Bockwurst gegessen     o Schiedsrichter beleidigt

o mitgesungen     o etwas ganz anderes ........................................................................................................

## DEINE JUBEL-INTENSITÄT

o Ausraster     o Becker Faust     o erleichterter Stoßseufzer

## WER HAT MITGEGUCKT?

..........................................................................................................................................................

o soll demnächst zuhause bleiben     o darf wieder mitschauen

## FAN-EMPFINDUNGEN
Beschreibe deine Fan-Empfindungen während und nach dem Spiel

..........................................................................................................................................................

..........................................................................................................................................................

..........................................................................................................................................................

## JES (Jubelerinnerungsstück)
Foto vom Bildschirm/Stadionblick/Jubel-Selfie/Bieretikett/
Screenshot vom Tabellenstand (Aufstiegsplatz!!!)

# 49. SPIEL

Datum ................................

## SPIEL

........................... : ...........................

### SPIELERGEBNIS

............ : ............

### WO HAST DU DAS SPIEL GESEHEN

○ TV   ○ Stadion   ○ Kneipe   ○ ..........................................

### SPIELWETTER

○ Sonne   ○ Regen   ○ Schneeschauer   ○ kann mich nicht erinnern, ich war zu aufgeregt

### MAN OF THE MATCH

..............................................................................................

Das war für mich der Man of the Match / Spieler des Spiels

### WIE WAR DER SCHIRI?

○ geht so   ○ Schieber   ○ Vollpfosten   ○ ..........................................

### BESONDERHEITEN DES SPIELS

○ rote Karte   ○ gehaltener Elfer   ○ Hattrick   ○ Spiel gedreht   ○ hoch gewonnen

○ ..........................................

### DEIN FAN-GESANG / DER FAN-SPRUCH DES TAGES

..............................................................................................
..............................................................................................
..............................................................................................

## DEIN FAN-GETRÄNK DES TAGES

..........................................................................................................................................................

## WAS HAST DU ZUM SPIEL BEIGETRAGEN

- o Trikot getragen
- o mitgesungen
- o vor dem Spiel eine Bockwurst gegessen
- o etwas ganz anderes ........................................................................................
- o Schiedsrichter beleidigt

## DEINE JUBEL-INTENSITÄT

- o Ausraster
- o Becker Faust
- o erleichterter Stoßseufzer

## WER HAT MITGEGUCKT?

..........................................................................................................................................................

- o soll demnächst zuhause bleiben
- o darf wieder mitschauen

## FAN-EMPFINDUNGEN
Beschreibe deine Fan-Empfindungen während und nach dem Spiel

..........................................................................................................................................................
..........................................................................................................................................................
..........................................................................................................................................................

## JES (Jubelerinnerungsstück)
Foto vom Bildschirm/Stadionblick/Jubel-Selfie/Bieretikett/
Screenshot vom Tabellenstand (Aufstiegsplatz!!!)

# 50. SPIEL

Datum ..................

## SPIEL

............... : ...............

### SPIELERGEBNIS

........ : ........

### WO HAST DU DAS SPIEL GESEHEN

o TV   o Stadion   o Kneipe   o ..................

### SPIELWETTER

o Sonne   o Regen   o Schneeschauer   o kann mich nicht erinnern, ich war zu aufgeregt

### MAN OF THE MATCH

..................

Das war für mich der Man of the Match / Spieler des Spiels

### WIE WAR DER SCHIRI?

o geht so   o Schieber   o Vollpfosten   o ..................

### BESONDERHEITEN DES SPIELS

o rote Karte   o gehaltener Elfer   o Hattrick   o Spiel gedreht   o hoch gewonnen

o ..................

### DEIN FAN-GESANG / DER FAN-SPRUCH DES TAGES

..................
..................
..................

### DEIN FAN-GETRÄNK DES TAGES

...

### WAS HAST DU ZUM SPIEL BEIGETRAGEN

o Trikot getragen          o vor dem Spiel eine Bockwurst gegessen          o Schiedsrichter beleidigt

o mitgesungen              o etwas ganz anderes ........................................................

### DEINE JUBEL-INTENSITÄT

o Ausraster          o Becker Faust          o erleichterter Stoßseufzer

### WER HAT MITGEGUCKT?

o soll demnächst zuhause bleiben          o darf wieder mitschauen

### FAN-EMPFINDUNGEN
Beschreibe deine Fan-Empfindungen während und nach dem Spiel

........................................................................................................

........................................................................................................

........................................................................................................

### JES (Jubelerinnerungsstück)
Foto vom Bildschirm/Stadionblick/Jubel-Selfie/Bieretikett/
Screenshot vom Tabellenstand (Aufstiegsplatz!!!)

# 51. SPIEL

Datum ..................

## SPIEL

........................ : ........................

### SPIELERGEBNIS

.............. : ..............

### WO HAST DU DAS SPIEL GESEHEN

○ TV   ○ Stadion   ○ Kneipe   ○ ..................

### SPIELWETTER

○ Sonne   ○ Regen   ○ Schneeschauer   ○ kann mich nicht erinnern, ich war zu aufgeregt

### MAN OF THE MATCH

..................................................................

Das war für mich der Man of the Match / Spieler des Spiels

### WIE WAR DER SCHIRI?

○ geht so   ○ Schieber   ○ Vollpfosten   ○ ..................

### BESONDERHEITEN DES SPIELS

○ rote Karte   ○ gehaltener Elfer   ○ Hattrick   ○ Spiel gedreht   ○ hoch gewonnen

○ ..................

### DEIN FAN-GESANG / DER FAN-SPRUCH DES TAGES

..................................................................
..................................................................
..................................................................

## DEIN FAN-GETRÄNK DES TAGES

.....

## WAS HAST DU ZUM SPIEL BEIGETRAGEN

o Trikot getragen    o vor dem Spiel eine Bockwurst gegessen    o Schiedsrichter beleidigt

o mitgesungen    o etwas ganz anderes ...........

## DEINE JUBEL-INTENSITÄT

o Ausraster    o Becker Faust    o erleichterter Stoßseufzer

## WER HAT MITGEGUCKT?

.....

o soll demnächst zuhause bleiben    o darf wieder mitschauen

## FAN-EMPFINDUNGEN

Beschreibe deine Fan-Empfindungen während und nach dem Spiel

.....
.....
.....

## JES (Jubelerinnerungsstück)

Foto vom Bildschirm/Stadionblick/Jubel-Selfie/Bieretikett/
Screenshot vom Tabellenstand (Aufstiegsplatz!!!)

# 52. SPIEL

Datum ..................................................

## SPIEL

.................... : ....................

### SPIELERGEBNIS

.......... : ..........

### WO HAST DU DAS SPIEL GESEHEN

○ TV   ○ Stadion   ○ Kneipe   ○ ..................................................

### SPIELWETTER

○ Sonne   ○ Regen   ○ Schneeschauer   ○ kann mich nicht erinnern, ich war zu aufgeregt

### MAN OF THE MATCH

..................................................

Das war für mich der Man of the Match / Spieler des Spiels

### WIE WAR DER SCHIRI?

○ geht so   ○ Schieber   ○ Vollpfosten   ○ ..................................................

### BESONDERHEITEN DES SPIELS

○ rote Karte   ○ gehaltener Elfer   ○ Hattrick   ○ Spiel gedreht   ○ hoch gewonnen
○ ..................................................

### DEIN FAN-GESANG / DER FAN-SPRUCH DES TAGES

..................................................
..................................................
..................................................

## DEIN FAN-GETRÄNK DES TAGES

## WAS HAST DU ZUM SPIEL BEIGETRAGEN

o Trikot getragen       o vor dem Spiel eine Bockwurst gegessen       o Schiedsrichter beleidigt

o mitgesungen           o etwas ganz anderes

## DEINE JUBEL-INTENSITÄT

o Ausraster       o Becker Faust       o erleichterter Stoßseufzer

## WER HAT MITGEGUCKT?

o soll demnächst zuhause bleiben       o darf wieder mitschauen

## FAN-EMPFINDUNGEN
Beschreibe deine Fan-Empfindungen während und nach dem Spiel

## JES (Jubelerinnerungsstück)
Foto vom Bildschirm/Stadionblick/Jubel-Selfie/Bieretikett/
Screenshot vom Tabellenstand (Aufstiegsplatz!!!)

# 53. SPIEL

Datum ........................................

### SPIEL

........................ : ........................

### SPIELERGEBNIS

........... : ...........

### WO HAST DU DAS SPIEL GESEHEN

○ TV    ○ Stadion    ○ Kneipe    ○ ........................................

### SPIELWETTER

○ Sonne    ○ Regen    ○ Schneeschauer    ○ kann mich nicht erinnern, ich war zu aufgeregt

### MAN OF THE MATCH

........................................................................

Das war für mich der Man of the Match / Spieler des Spiels

### WIE WAR DER SCHIRI?

○ geht so    ○ Schieber    ○ Vollpfosten    ○ ........................................

### BESONDERHEITEN DES SPIELS

○ rote Karte    ○ gehaltener Elfer    ○ Hattrick    ○ Spiel gedreht    ○ hoch gewonnen

○ ........................................................................

### DEIN FAN-GESANG / DER FAN-SPRUCH DES TAGES

........................................................................
........................................................................
........................................................................

## DEIN FAN-GETRÄNK DES TAGES

...........................................................................................................................................................................

## WAS HAST DU ZUM SPIEL BEIGETRAGEN

- o Trikot getragen
- o mitgesungen
- o vor dem Spiel eine Bockwurst gegessen
- o etwas ganz anderes ...........................................................................................
- o Schiedsrichter beleidigt

## DEINE JUBEL-INTENSITÄT

- o Ausraster
- o Becker Faust
- o erleichterter Stoßseufzer

## WER HAT MITGEGUCKT?

...........................................................................................................................................................................
- o soll demnächst zuhause bleiben
- o darf wieder mitschauen

## FAN-EMPFINDUNGEN
Beschreibe deine Fan-Empfindungen während und nach dem Spiel

...........................................................................................................................................................................
...........................................................................................................................................................................
...........................................................................................................................................................................

## JES (Jubelerinnerungsstück)
Foto vom Bildschirm/Stadionblick/Jubel-Selfie/Bieretikett/
Screenshot vom Tabellenstand (Aufstiegsplatz!!!)

# 54. SPIEL

Datum .....................

>> SPIEL <<

........................ : ........................

## SPIELERGEBNIS

[ ........... ] : [ ........... ]

## WO HAST DU DAS SPIEL GESEHEN

○ TV   ○ Stadion   ○ Kneipe   ○ ..............................................

## SPIELWETTER

○ Sonne ☀   ○ Regen ☂   ○ Schneeschauer ❄   ○ kann mich nicht erinnern, ich war zu aufgeregt

## MAN OF THE MATCH

..................................................................................................

Das war für mich der Man of the Match / Spieler des Spiels

## WIE WAR DER SCHIRI?

○ geht so   ○ Schieber   ○ Vollpfosten   ○ ..............................................

## BESONDERHEITEN DES SPIELS

○ rote Karte   ○ gehaltener Elfer   ○ Hattrick   ○ Spiel gedreht   ○ hoch gewonnen

○ ..............................................

## DEIN FAN-GESANG / DER FAN-SPRUCH DES TAGES

..................................................................................................
..................................................................................................
..................................................................................................

## DEIN FAN-GETRÄNK DES TAGES

..................................................................................................................................................

## WAS HAST DU ZUM SPIEL BEIGETRAGEN

- o Trikot getragen
- o mitgesungen
- o vor dem Spiel eine Bockwurst gegessen
- o etwas ganz anderes ..............................................................................
- o Schiedsrichter beleidigt

## DEINE JUBEL-INTENSITÄT

- o Ausraster
- o Becker Faust
- o erleichterter Stoßseufzer

## WER HAT MITGEGUCKT?

..................................................................................................................................................
- o soll demnächst zuhause bleiben
- o darf wieder mitschauen

## FAN-EMPFINDUNGEN
Beschreibe deine Fan-Empfindungen während und nach dem Spiel

..................................................................................................................................................

..................................................................................................................................................

..................................................................................................................................................

## JES (Jubelerinnerungsstück)
Foto vom Bildschirm/Stadionblick/Jubel-Selfie/Bieretikett/
Screenshot vom Tabellenstand (Aufstiegsplatz!!!)

# 55. SPIEL

Datum ..........................

### SPIEL

........... : ...........

### SPIELERGEBNIS

[ ...... ] : [ ...... ]

### WO HAST DU DAS SPIEL GESEHEN

○ TV  ○ Stadion  ○ Kneipe  ○ ..........................

### SPIELWETTER

○ Sonne  ○ Regen  ○ Schneeschauer  ○ kann mich nicht erinnern, ich war zu aufgeregt

### MAN OF THE MATCH

..........................

Das war für mich der Man of the Match / Spieler des Spiels

### WIE WAR DER SCHIRI?

○ geht so  ○ Schieber  ○ Vollpfosten  ○ ..........................

### BESONDERHEITEN DES SPIELS

○ rote Karte   ○ gehaltener Elfer   ○ Hattrick   ○ Spiel gedreht   ○ hoch gewonnen

○ ..........................

### DEIN FAN-GESANG / DER FAN-SPRUCH DES TAGES

..........................
..........................
..........................

## DEIN FAN-GETRÄNK DES TAGES

..................................................................................................................................................

## WAS HAST DU ZUM SPIEL BEIGETRAGEN

o Trikot getragen          o vor dem Spiel eine Bockwurst gegessen          o Schiedsrichter beleidigt

o mitgesungen          o etwas ganz anderes ............................................................................................

## DEINE JUBEL-INTENSITÄT

o Ausraster          o Becker Faust          o erleichterter Stoßseufzer

## WER HAT MITGEGUCKT?

..................................................................................................................................................

o soll demnächst zuhause bleiben          o darf wieder mitschauen

## FAN-EMPFINDUNGEN
Beschreibe deine Fan-Empfindungen während und nach dem Spiel

..................................................................................................................................................

..................................................................................................................................................

## JES (Jubelerinnerungsstück)
Foto vom Bildschirm/Stadionblick/Jubel-Selfie/Bieretikett/
Screenshot vom Tabellenstand (Aufstiegsplatz!!!)

# 56. SPIEL

Datum ..................................

> SPIEL <

............... : ...............

## SPIELERGEBNIS

[ ......... ] : [ ......... ]

## WO HAST DU DAS SPIEL GESEHEN

○ TV   ○ Stadion   ○ Kneipe   ○ ...................................................

## SPIELWETTER

○ Sonne ☀   ○ Regen 💧   ○ Schneeschauer ❄   ○ kann mich nicht erinnern, ich war zu aufgeregt

## MAN OF THE MATCH

..............................................................................................

Das war für mich der Man of the Match / Spieler des Spiels

## WIE WAR DER SCHIRI?

○ geht so   ○ Schieber   ○ Vollpfosten   ○ ...........................................................

## BESONDERHEITEN DES SPIELS

○ rote Karte   ○ gehaltener Elfer   ○ Hattrick   ○ Spiel gedreht   ○ hoch gewonnen

○ ...........................................................................................

## DEIN FAN-GESANG / DER FAN-SPRUCH DES TAGES

..............................................................................................
..............................................................................................
..............................................................................................

116

## DEIN FAN-GETRÄNK DES TAGES

## WAS HAST DU ZUM SPIEL BEIGETRAGEN

- ○ Trikot getragen
- ○ vor dem Spiel eine Bockwurst gegessen
- ○ Schiedsrichter beleidigt
- ○ mitgesungen
- ○ etwas ganz anderes

## DEINE JUBEL-INTENSITÄT

- ○ Ausraster
- ○ Becker Faust
- ○ erleichterter Stoßseufzer

## WER HAT MITGEGUCKT?

- ○ soll demnächst zuhause bleiben
- ○ darf wieder mitschauen

## FAN-EMPFINDUNGEN

Beschreibe deine Fan-Empfindungen während und nach dem Spiel

## JES (Jubelerinnerungsstück)

Foto vom Bildschirm/Stadionblick/Jubel-Selfie/Bieretikett/
Screenshot vom Tabellenstand (Aufstiegsplatz!!!)

# 57. SPIEL

Datum ..........................

>< SPIEL ><

.................... : ....................

## SPIELERGEBNIS

## WO HAST DU DAS SPIEL GESEHEN

○ TV   ○ Stadion   ○ Kneipe   ○ ..........................

## SPIELWETTER

○ Sonne ☀   ○ Regen 💧   ○ Schneeschauer ❄   ○ kann mich nicht erinnern, ich war zu aufgeregt

## MAN OF THE MATCH

..........................

Das war für mich der Man of the Match / Spieler des Spiels

## WIE WAR DER SCHIRI?

○ geht so   ○ Schieber   ○ Vollpfosten   ○ ..........................

## BESONDERHEITEN DES SPIELS

○ rote Karte   ○ gehaltener Elfer   ○ Hattrick   ○ Spiel gedreht   ○ hoch gewonnen

○ ..........................

## DEIN FAN-GESANG / DER FAN-SPRUCH DES TAGES

..........................
..........................
..........................

## DEIN FAN-GETRÄNK DES TAGES

..................................................................................................................................................................

## WAS HAST DU ZUM SPIEL BEIGETRAGEN

- o Trikot getragen
- o vor dem Spiel eine Bockwurst gegessen
- o Schiedsrichter beleidigt
- o mitgesungen
- o etwas ganz anderes ..........................................................................................

## DEINE JUBEL-INTENSITÄT

- o Ausraster
- o Becker Faust
- o erleichterter Stoßseufzer

## WER HAT MITGEGUCKT?

..................................................................................................................................................................
- o soll demnächst zuhause bleiben
- o darf wieder mitschauen

## FAN-EMPFINDUNGEN

Beschreibe deine Fan-Empfindungen während und nach dem Spiel

..................................................................................................................................................................
..................................................................................................................................................................
..................................................................................................................................................................

## JES (Jubelerinnerungsstück)

Foto vom Bildschirm/Stadionblick/Jubel-Selfie/Bieretikett/
Screenshot vom Tabellenstand (Aufstiegsplatz!!!)

# 58. SPIEL

Datum ..................................................

### SPIEL

........................................ : ........................................

### SPIELERGEBNIS

........... : ...........

### WO HAST DU DAS SPIEL GESEHEN

○ TV   ○ Stadion   ○ Kneipe   ○ ..........................................................

### SPIELWETTER

○ Sonne   ○ Regen   ○ Schneeschauer   ○ kann mich nicht erinnern, ich war zu aufgeregt

### MAN OF THE MATCH

..........................................................................................................

Das war für mich der Man of the Match / Spieler des Spiels

### WIE WAR DER SCHIRI?

○ geht so   ○ Schieber   ○ Vollpfosten   ○ ..........................................

### BESONDERHEITEN DES SPIELS

○ rote Karte   ○ gehaltener Elfer   ○ Hattrick   ○ Spiel gedreht   ○ hoch gewonnen

○ ..........................................................................................................

### DEIN FAN-GESANG / DER FAN-SPRUCH DES TAGES

..........................................................................................................
..........................................................................................................
..........................................................................................................

## DEIN FAN-GETRÄNK DES TAGES

..........................................................................................................................................................................

## WAS HAST DU ZUM SPIEL BEIGETRAGEN

- ○ Trikot getragen
- ○ vor dem Spiel eine Bockwurst gegessen
- ○ Schiedsrichter beleidigt
- ○ mitgesungen
- ○ etwas ganz anderes ..................................................................................

## DEINE JUBEL-INTENSITÄT

- ○ Ausraster
- ○ Becker Faust
- ○ erleichterter Stoßseufzer

## WER HAT MITGEGUCKT?

..........................................................................................................................................................................
- ○ soll demnächst zuhause bleiben
- ○ darf wieder mitschauen

## FAN-EMPFINDUNGEN
Beschreibe deine Fan-Empfindungen während und nach dem Spiel

..........................................................................................................................................................................
..........................................................................................................................................................................
..........................................................................................................................................................................

## JES (Jubelerinnerungsstück)
Foto vom Bildschirm/Stadionblick/Jubel-Selfie/Bieretikett/
Screenshot vom Tabellenstand (Aufstiegsplatz!!!)

# 59. SPIEL

Datum ................................

### SPIEL

............................ : ............................

### SPIELERGEBNIS

[ .......... ] : [ .......... ]

### WO HAST DU DAS SPIEL GESEHEN

○ TV   ○ Stadion   ○ Kneipe   ○ ................................

### SPIELWETTER

○ Sonne ☀   ○ Regen 💧   ○ Schneeschauer ❄   ○ kann mich nicht erinnern, ich war zu aufgeregt

### MAN OF THE MATCH

................................................................................

Das war für mich der Man of the Match / Spieler des Spiels

### WIE WAR DER SCHIRI?

○ geht so   ○ Schieber   ○ Vollpfosten   ○ ................................

### BESONDERHEITEN DES SPIELS

○ rote Karte   ○ gehaltener Elfer   ○ Hattrick   ○ Spiel gedreht   ○ hoch gewonnen

○ ................................

### DEIN FAN-GESANG / DER FAN-SPRUCH DES TAGES

................................................................................
................................................................................
................................................................................

## DEIN FAN-GETRÄNK DES TAGES

## WAS HAST DU ZUM SPIEL BEIGETRAGEN

o Trikot getragen　　o vor dem Spiel eine Bockwurst gegessen　　o Schiedsrichter beleidigt

o mitgesungen　　o etwas ganz anderes

## DEINE JUBEL-INTENSITÄT

o Ausraster　　o Becker Faust　　o erleichterter Stoßseufzer

## WER HAT MITGEGUCKT?

o soll demnächst zuhause bleiben　　o darf wieder mitschauen

## FAN-EMPFINDUNGEN
Beschreibe deine Fan-Empfindungen während und nach dem Spiel

## JES (Jubelerinnerungsstück)
Foto vom Bildschirm/Stadionblick/Jubel-Selfie/Bieretikett/
Screenshot vom Tabellenstand (Aufstiegsplatz!!!)

# 60. SPIEL

Datum

### SPIEL

...................... : ......................

---

### SPIELERGEBNIS

[ ............ ] : [ ............ ]

---

### WO HAST DU DAS SPIEL GESEHEN

o TV    o Stadion    o Kneipe    o ..............................

---

### SPIELWETTER

o Sonne ☀    o Regen ☂    o Schneeschauer ❄    o kann mich nicht erinnern, ich war zu aufgeregt

---

### MAN OF THE MATCH

..............................................................................................

Das war für mich der Man of the Match / Spieler des Spiels

---

### WIE WAR DER SCHIRI?

o geht so    o Schieber    o Vollpfosten    o ..............................

---

### BESONDERHEITEN DES SPIELS

o rote Karte    o gehaltener Elfer    o Hattrick    o Spiel gedreht    o hoch gewonnen

o ..............................................................................................

---

### DEIN FAN-GESANG / DER FAN-SPRUCH DES TAGES

..............................................................................................

..............................................................................................

..............................................................................................

## DEIN FAN-GETRÄNK DES TAGES

## WAS HAST DU ZUM SPIEL BEIGETRAGEN

o Trikot getragen  o vor dem Spiel eine Bockwurst gegessen  o Schiedsrichter beleidigt

o mitgesungen  o etwas ganz anderes

## DEINE JUBEL-INTENSITÄT

o Ausraster  o Becker Faust  o erleichterter Stoßseufzer

## WER HAT MITGEGUCKT?

o soll demnächst zuhause bleiben  o darf wieder mitschauen

## FAN-EMPFINDUNGEN

Beschreibe deine Fan-Empfindungen während und nach dem Spiel

## JES (Jubelerinnerungsstück)

Foto vom Bildschirm/Stadionblick/Jubel-Selfie/Bieretikett/
Screenshot vom Tabellenstand (Aufstiegsplatz!!!)

# „Je länger das Spiel dauert, desto weniger Zeit bleibt"

Marcel Reif